岭南文化读本

陈建文　主编

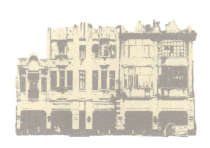

陈昌勇
禤文昊
王磊　主编

岭南名城街区

LINGNAN
MINGCHENG JIEQU

SPM
南方传媒

广东人民出版社
·广州·

图书在版编目（CIP）数据

岭南名城街区 / 陈昌勇，禤文昊，王磊主编． —广州：广东人民出版社，2023.6
ISBN 978-7-218-15997-3

Ⅰ．①岭…　Ⅱ．①陈…　②禤…　③王…　Ⅲ．①城市道路—介绍—岭南　Ⅳ．①K926.5

中国版本图书馆CIP数据核字（2022）第175957号

LINGNAN MINGCHENG JIEQU
岭 南 名 城 街 区

陈昌勇　禤文昊　王　磊　主编

出 版 人：肖风华

责任编辑：黎　捷　梁　晖
装帧设计：🜨琥珀视觉
责任技编：吴彦斌　周星奎

出版发行：广东人民出版社
地　　址：广州市越秀区大沙头四马路10号（邮政编码：510199）
电　　话：（020）85716809（总编室）
传　　真：（020）83289585
网　　址：http://www.gdpph.com
印　　刷：广州市人杰彩印厂
开　　本：787毫米×1092毫米　1/16
印　　张：15.75　　字　　数：220千
版　　次：2023年6月第1版
印　　次：2023年6月第1次印刷
定　　价：80.00元

如发现印装质量问题，影响阅读，请与出版社（020-85716849）联系调换。
售书热线：020-87716172

岭南文化读本

主　编　　陈建文

副主编　　崔朝阳　　王桂科

岭南名城街区

主　编　陈昌勇　禤文昊　王　磊

编　委　吕永强　陈晓如　唐宏涛

林　全　简泳茵　张　翔　刘洁贞

谭宇文　李　颖　郭小仪　曾健勇

何恺强　谭晨辉　李桂欣　刘　恋

乔安安　林泽鑫　王禹翰　李　柔

李柔美

前　言

岭南一地，陆海际会，世界孔道，天下辐辏。公元前214年，秦始皇置南海郡，粤地始有城邑之设。2200余年来，一座座老城、一条条老街，留下了百越先民的印记、南下移民的足迹、西来洋人的身影、海外华侨的乡愁，见证了华夏声教之远播、中外贸易之繁盛、近世革命之策源、当代改开之先行。

保护好老城老街，传承好历史文化，是社会的共识，是人民的心愿。截至2022年年底，广东省域内已认定公布的国家级、省级历史文化名城共23座，历史文化街区共104处，彰显了岭南文化的丰厚底蕴，也体现了各级政府的高度重视。限于篇幅，本书仅选取其中13座名城、37处街区进行简要的介绍。

历史文化名城是指保存文物特别丰富，具有重大历史文化价值和彰显革命意义的城市。历史文化街区是名城的核心组成部分，是集中保护、展示、利用的城乡建成区域。针对每一座名城，本书归纳其地理区位、发展源流及历史文化价值，综述其城乡格局和各类文化遗产，并选择有代表性的街区数处，细说其形成过程与空间特色，精选其中名人、掌故之一二，以飨读者。

本书是广东省历史文化名城名镇名村保护工作的具体表现，凝聚着每位相关从业人员的心血。感谢广州、潮州、佛山、梅州、雷州、肇庆、惠州、韶关、中山、东莞、河源佗城、连州、高州等地人民政府提供相关资料。感谢《广东建设报》记者唐塔峰、《羊城晚报》记者刘洁提供数量丰富且质量精美的历史文化名城和街区的摄影照片。

　　谈论历史文化，只叹其深厚、博大，然而走在老城老街，又感其鲜活、生动。岭南名城街区魅力无穷，本书仅得管窥；而编者水平有限，难免挂一漏万，种种不足，还请读者指正。

目　录

一、岭南之心　千年都会——广州 　　001

（一）名城简介 　　002

（二）北京路历史文化街区 　　011

（三）恩宁路历史文化街区 　　020

（四）沙面历史文化街区 　　029

（五）新河浦历史文化街区 　　037

二、海滨邹鲁　物阜民丰——潮州 　　045

（一）名城简介 　　046

（二）湘桥区旧西门街历史文化街区 　　050

（三）湘桥区南门义兴甲历史文化街区 　　053

（四）湘桥区许驸马府历史文化街区 　　057

（五）湘桥区太平路历史文化街区 　　060

三、天下四聚　岭南名镇——佛山 　　063

（一）名城简介 　　064

（二）祖庙—东华里历史文化街区 　　067

（三）霍氏大宗祠历史文化街区 　　071

（四）南风古灶历史文化街区 　　074

（五）顺德区大良旧城历史文化街区 　　078

四、世界客都　人才辈出——梅州　　　081

（一）名城简介　　　082

（二）凌风东、西路历史文化街区　　　087

五、天南重地　海城风采——雷州　　　095

（一）名城简介　　　096

（二）方城十字街历史文化街区　　　100

（三）曲街历史文化街区　　　104

（四）二桥街历史文化街区　　　108

六、广府源流　中国砚都——肇庆　　　111

（一）名城简介　　　112

（二）端州区府前路历史文化街区　　　117

（三）端州区阅江楼历史文化街区　　　120

（四）端州区豪居路历史文化街区　　　124

七、伟人故里　产业先锋——中山　　　127

（一）名城简介　　　128

（二）孙文西历史文化街区　　　132

（三）西山寺历史文化街区　　　137

（四）从善坊历史文化街区　　　140

（五）沙涌历史文化街区　　　142

八、岭东雄郡　东坡悠韵——惠州　　　145

（一）名城简介　　　146

（二）北门直街历史文化街区　　　149

（三）金带街历史文化街区　　　152

（四）水东街历史文化街区   156

（五）铁炉湖历史文化街区   159

（六）淡水老城历史文化街区   162

九、石峡遗址 民族荟萃——韶关   165

（一）名城简介   166

（二）广富新街—升平路历史文化街区   170

（三）曲江区白土镇历史文化街区   175

（四）南雄市珠玑镇珠玑古巷历史文化街区   179

十、湾东锁钥 省港通津——东莞   187

（一）名城简介   188

（二）象塔街历史文化街区   197

（三）中兴路—大西路历史文化街区   200

十一、千年古邑 兴王之地——河源佗城   205

（一）名城简介   206

（二）百岁街—中山街历史文化街区   209

十二、湟川源流 俊采星驰——连州   215

（一）名城简介   216

（二）中山南路历史文化街区   220

十三、西南要辅 高凉风韵——高州   227

（一）名城简介   228

（二）中山路历史文化街区   231

（三）南华路历史文化街区   237

一、岭南之心　千年都会
——广州

（一）名城简介

广州位于中国大陆南缘，遥控五岭，近扼三江，上依九连山余脉，下临珠江出海口，素为中国通往世界的"南大门"。

如今的广州，是当代中国经济和人口第一大省广东之省会，以务实开放、创新活跃著称。而回顾广州之历史，它又有着"老城市"的深厚积淀：它作为古代中国在南粤大地上建置的首郡、首县，已历两千余载，作为近代中国的第一个建制市，也有百年之久。

古代广州，是岭南之心、海丝首港、广东省城、中西枢纽。

广州古代城市发展起步于秦汉，大体以赵佗城为基础。公元前214年，珠江口尚是山岛耸峙的浩渺海湾，秦始皇南征百越，于其北岸置南海郡、番禺县，为今广东境内城市建置之始。秦亡之后，赵佗据以为都，统一岭南，建立"东西万余里"的南越国。两汉时期，番禺为天下九大都会之一，"中国往商贾者多取富焉"。

从三国至隋唐，广州以步骘城为基础，成为著名的国际港口。三国时期，东吴先后派步骘、吕岱等人，以番禺为根据地经略岭南，析交州置广州，并大力开拓南海商路。中国首批出使南海诸国的朱应、康泰等人，就是从广州启航。此后直到隋唐，广州逐步发展为海上丝绸之路起点、全国第一大港，为历代王朝提供丰厚利源，其岭南中心城市的地位也不断巩固。作为佛教禅宗、伊斯兰教登陆中华的首岸，广州城西在唐后期已形成大批外国商人聚居的"蕃坊"，广州的国际性与日俱增。

从南汉至宋元，广州大体以宋三城为基础，成为综合性的岭南政治经济文化中心。五代时期，广州为南汉国都，凿山扩城，广设寺观园林于郊，建设开始系统化。宋代，在其基础上继续增筑，外有八大镇，内有子、东、西三城，并着力治水，形成六脉渠和环城濠涌的完整体系。宋元鼎革，中原汉人大举南下落籍，各姓聚族而居，耕读传家，围海造田，逐渐将珠江口改造为鱼米之乡，支撑了人口的繁衍和各项手工业的发展。

传统中轴线

明代至清中期，广州城池北拓南展，成为传统中国山水城市的典范；清初十三行夷馆区的设立，更带动了城外西关、南关和河南的发展，奠定了广州全球都会的地位。明代广州为省、府治所在，省境涵盖南海海疆，府境囊括珠江口。1380年，朱亮祖将宋三城合一，北跨越秀山，建镇海楼于其上，南临珠江滩涂，一派"五岭北来峰在地，九州南尽水浮天"的雄伟气象。在风水家眼中，广州城形如大舸，以六榕花塔、怀圣寺光塔为桅，以镇海楼为舵楼，江上浮丘、海珠、海印三石辅卫，对岸赤岗、琶洲、狮子三塔镇守水口，已臻于完美。由于垄断中西贸易近百年，广州成为"金山珠海，天子南库"，步入其在古代世界中的发展顶峰。据外国学者估算，19世纪初广州全城人口达80万，仅次于北京和伦敦。十三行商人富甲天下，城市聚落也越出城墙，向西关、河南、芳村发展，整个城郊的建成区面积已经和城内不相上下。

近现代广州，是中国革命的策源地、民族工业的发祥地、市政建设的模范区。广府地区的华侨和留学生在其中担当了重要的角色。

从三元里抗英到反租地、反入城，从洪秀全、李文茂到康有为、梁启超……近代反帝反封建的重大斗争和重要人物，几乎都在广州留下印记。革命先行者孙中山先生更是三次在广州建立政权。1923年中共三大和1924年国民党一大的召开，拉开了大革命的序幕，黄埔军校、农民运动讲习所、中华全国总工会相继在广州成立。1926年国民政府自广州起兵北伐，最终基本统一全国。1927年国共合作破裂后，张太雷、叶剑英等领导发动广州起义，建立起首个城市苏维埃政权。从清末到民初，各种思潮和政治力量在广州轮番登场，建立一个独立自强新中国的道路也越发清晰。

在风起云涌的革命浪潮中，广州依然紧握时机，以革新的姿态大力倡导和推进城市建设发展。

19世纪后半叶，安南华侨陈启沅在广州地区创办继昌隆机器缫丝厂，陈澹浦家族成立陈联泰机器厂，钟星溪创办宏远堂机器造纸公司，黄秉常开设电灯公司……工业革命的推广，使珠江三角洲成为当时全国生丝生产和外销中心，也推动了广州的城市化。"南番顺"三邑人士纷纷涌入广州西关、河南地区定居，成为近代广州市民社会的中坚力量。他们兴建的西关大屋、明字屋、竹筒屋等民居，构成了广州历史城区的致密肌理和经典风貌。清末洋务和立宪时期，广东当局在广州城郊兴办广雅书院、广东机器局、广东钱局、广东士敏土厂等一批大型建设项目，广州的城市格局有所拉开。张之洞提出在珠江北岸建设长堤，并倡建"铺廊"，为广州沿江地区的整治开发和骑楼街的兴起埋下伏笔。广三铁路、广九铁路的建设也刺激了华侨对西关、东山地区的开发。

海珠南—长堤街景

　　辛亥革命胜利后，广州旋即公布全国第一部城市建筑技术法规《广东省城警察厅现行取缔建筑章程及施行细则》，其中包括骑楼建设要求。1918年，广州成立市政公所，提出了"拆城基、辟马路、设市场、设公园、设工厂"五大措施。1921年，广州正式建市，划定市区，置市政厅，为全国第一个建制市，警察、工务、消防、卫生、电力、邮政等公共部门相继建立。城墙的拆除，骑楼马路的修建，华侨对房地产的积极投资，士敏土（水泥）、红砖、钢等新材料的运用，多层、高层建筑的兴筑，初步改变了广州的城市风貌。陈济棠治粤期间，有留学经历的林云陔、程天固等主政官员积极引入田园城市理念和都市计划、设计方法，更加强调园林和绿化。公园和行道树建设明显加强，东山地区进一步开发为花园式模范住宅区。同时，工业建设被列为施政计划重点，利用当时世界经济大萧条的契机，大举引进西方先进工业设备和人员，在广州西村和河南两处集中建设省营第一和第二工业区。此外，广州还重修了越秀山上的镇海楼，建成了中山纪念堂、市府合署、海珠桥等一批标志性建筑工程，形成近代广州城市中轴线；填平海珠石，拉直堤岸，建成当时的广州第一高楼爱群大厦，进一步拔高了天际线。广州历史城区的近代风貌，至此基本奠定。

俯视传统中轴线

爱群大酒店

　　近现代广州，作为华南地区的中心城市、改革开放的前沿城市，在社会主义现代化建设新时期发挥了重要作用，并长期领中国现代城市建设风气之先。

　　新中国成立之初，广州市曾短暂由中央直辖，1954年后归广东省领导，为省会。1960年9月20日，国务院批准原由佛山专区领导的花县、从化两县划归广州市领导。广州市从此开始实行"市管县"的行政体制。其间，广州的行政区划经过多次调整。在国家全力推进工业化的背景下，广州提出了"变消费城市为生产城市"的目标，长期以来的社会经济结构被全面改造，城市空间在多个工业区的带动下加速拓展。在民国时期格局的基础上，广州市郊进一步开辟了黄埔、员村、赤岗、南石头、鹤洞、江村、石井等工业区，初步形成了工业企业基本上按行业集中成片建设的布局。

　　1957年起，广州成为中国出口商品交易会的举办地，某种意义上延续了古代"一口通商"的方略，也因而成为新中国建设成就的对外展示窗口。城市建设由此获得了相对宽裕的资源和一定的探索自由，不断涌现精品，如建筑与园林一体、深受梁思成先生赞誉的北园酒家，完全由中国人自己设计施工、建成时全国最高的广州宾馆，全国第一座立交桥——大北立交，等等。

　　十一届三中全会以后，广州进一步利用地处改革开放前沿的优势，继续在城市建设上领全国风气之先。全国第一座高架桥——人民路和六二三路高架桥、全国第一家五星级酒店——白天鹅宾馆等，都诞生于此。利用第六次全国运动会的契机，天河地区的开发建设也全面起步，最终成长为广州21世纪的新城市中心。

　　其时，主管广州城建的是林西副市长，他非常爱好园林和建筑，涉猎颇广，独具创新思维。1954年，他提出岭南建筑"轻巧通透"原则，通过制度建设，调动多方资源，在其出色领导之下，数十年间，以林克明、夏昌世、佘畯南、莫伯治、郑祖良、何镜堂等建筑大师为代表的岭南建筑学派大放异彩，书写了中国城建史、建筑史的绚丽新篇章。

　　广州是历史悠久的都会，是岭南文化的中心，是海上丝路的首港，是负山襟江的水城，是千年不衰的商埠，是全国著名的侨乡，是近现代革命的策源地，是改革开放的前沿地，是文化多元、风貌多样、兼容并蓄、活态传承的综合型遗产都市。1982年，广州被国务院公布为全国首批国家级历史文化名城。

　　从远古华夏边郡成长为近世全球商业都会，再于近现代革命和建设中勇开风气之先，广州城的沧桑巨变，尽在云山所指、珠水之滨，两千多年来未曾移改。基于清末城市建成区划定的广州历史城区，面积20.39平方公里，涵盖了明清古城全境、南关、西关以及河南，其中历史文化街区23片，保护范围共计5.31平方公里，占历史城区总面积的1/4。在城外的广州市域，有着宏伟的山、水、田、海格局，村镇星罗棋布。

　　山体从东北到西南经南昆山（天堂顶1210米）、帽峰山（534米），一直到市区白云山（摩星岭382米）、飞鹅岭（96米）、越秀山（71米）、象岗山（68米），延伸约200公里，形成了广东地理上有名的九连山脉。九连山脉宛如一条巨龙，斜亘于广州城之北，揳入城中，形成"青山半入城"的态势。

　　珠江、流溪河、增江、流花湖、荔湾湖、东山湖、麓湖以及大小濠涌等，构成广州以珠江为主的江湖水系。珠江是广州的母亲河，汇连四

鸟瞰荔湾湖

乡，沟通海洋，使广州不但是珠江流域的最大都会，更是中国海洋贸易的千年首港。

广州东南部有大片的水网田园，平原沃野，涌滘交错，阡陌纵横——正是宋代以来持续的沙田围垦，将广州面前的海湾改造成了珠江三角洲。桑、蚕、鱼、猪生态平衡的基塘农业，在清代已经相当成熟。这里盛产水稻、甘蔗、花生；有鱼塘、湿地和河海、滩涂；有鱼、虾、蚝、禽；河南花地，西郊泮塘，东面至增城一带，是花木、蔬菜、水果的专业种植区。这些水乡田园支撑着粤菜对新鲜食材的高要求，也让"花城"名副其实。

水乡田园如此丰美，是广州人民不懈建设、耕耘的结果。历史近千年的宗族村落在广州市域内处处皆是。到了明清时期，随着人口的繁衍和商品经济的发展，农村宗族开始经营圩市，逐步形成一批大型乡镇。如今，广州市域内有中国历史文化名镇沙湾镇，中国历史文化名村大岭村、瑚头村，广东省历史文化名村珠村、莲塘村、高溪村、潭山村，另有纳入保护名录的传统村落93处。它们与历史城区共同构成了广州历史文化名城物质文化遗产的基本格局。目前广州市域内有全国重点文物保护单位33处，省级文物保护单位49处，市级文物保护单位342处，历史文化街区26片，历史建筑815处，数量均高居全省首位。

沙湾飘色

　　广州全市拥有国家级非物质文化遗产15项，包括广东音乐、粤曲、粤剧、岭南派古琴艺术、狮舞、沙湾飘色等民间艺术，广绣、象牙雕刻、广式硬木家具制作、广州玉雕、广州榄雕、广彩瓷烧制、灰塑等传统技艺，潘高寿、陈李济传统中医药文化，波罗诞、天河乞巧习俗等民俗。省级非物质文化遗产有59项之多。这些非遗从各个层面展示了岭南传统手工业、市场、社会组织、民间艺术的高水准。而作为岭南的中心地，广州为粤语地区传统文艺、技艺、民俗的提炼、升华提供了平台，也为这些文化的对外传播提供了渠道。

　　明代以前，广州的历史先贤多为经略岭南的军政首脑，如南越王赵佗、东晋起义领袖卢循、隋俚人首领冼夫人、唐清海军节度使刘隐、元末明初东莞伯何真等，或为宦游、贬谪岭南的文化人士，如道教名士葛洪，唐丞相宋璟，宋代文豪周敦颐、苏轼、杨万里等。籍贯本地的有汉学者杨孚、宋治蜀名臣崔与之、宋探花李昂英、宋状元张镇孙、《南海志》编者陈大震等。禅宗始祖达摩和六祖慧能，前者在广州登陆，后者在广州剃度，均留下重要印记。

　　明清以降，广州府跃居全国发达地区，一口通商时期更是云集全国精英，不少家族因经商而落籍广州，例如充任十三行行商的潘氏（潘振承、潘有度）、伍氏（伍秉鉴、伍崇曜），经营盐业的许氏（许拜庭、许应骙、许崇智、许崇清、许广平）、潘仕成等。还有一些家族因担任幕僚而落籍广州，俗曰"绍兴师爷"，如豪贤街上的汪氏（汪精卫、汪兆铺）、胡氏（胡汉民）。广州府本地也文风蔚起，陈白沙、湛若水的心学思想，对岭南学风起到奠基作用。明末清初诗坛有"岭南三大家"——屈大均、陈恭尹、梁佩兰，洪亮吉称赞"尚得昔贤雄直气，岭南犹似胜江南"。清代嘉庆、道光年间，大学者阮元督粤，引入朴学，在越秀山创立学海堂，倡导刻书藏书，成为广东学术发展的重大转折点。生于广州城木排头，长期担任学海堂学长的陈澧，是晚清学界的重要人物。他开创东塾学派，培养了一代岭南学人。另一位担任学海堂学长的是中国近代科学先驱邹伯奇。他学贯中西，在天文、地理、数学、物理、化学等方面都有重大建树，是最早掌握摄影术的中国人，25岁时即以经纬线绘制法代替传统的计里画方法，绘成《皇舆全图》，直接推动了中国地图学的变革。

作为中国的南大门，广州是中国近现代史最重要的舞台之一，影响国运的历史事件，许多都发生在这里。作为中西方交流的前沿和冲突的前线，广州是全国思想革命酝酿最早的一个地区，从洪秀全到康有为、梁启超，再到民主革命的伟大先行者孙中山及其多数早期追随者，都诞生或长期活动于此。这里也走出了我国第一批留学生，例如伍廷芳、梁诚、詹天佑等。他们回国后，活跃在外交、教育、工程等领域，作出大量开拓性贡献。大革命时期，全国英才云集广州，为中华民族命运而奋斗。毛泽东、周恩来、叶剑英等缔造新中国的重要人物，都在广州留下了光辉足迹。

近现代广州也盛产文化艺术名人，例如粤剧名伶马师曾、薛觉先、红线女，岭南画派的居廉、居巢、高剑父、高奇峰、陈树人等。音乐方面，除了冼星海，香港粤语歌曲的灵魂人物黄霑、顾嘉辉、许冠杰、罗文等，都生于广州。

（二）北京路历史文化街区

北京路历史文化街区位于广州市越秀区中部，以北京路为主干，北至广卫路、南越国官署遗址北界，西至吉祥路，经北京路、西湖路、惠新西街至清源巷，南至大南路，东至府学西街、南越国官署遗址东围墙。保护范围面积22.17公顷，其中核心保护范围面积13.68公顷，建设控制地带面积8.49公顷。

当代多数人印象中的北京路是一条热闹的商业步行街，甚少意识到它有历史悠久的一面。考古发掘显示，其街区范围内有秦番禺城、西汉南越国官署、南越国木构水闸、唐清海军楼、明清大南门等多个遗址，可见两千多年来的广州城央就在此处。仅凭唐宋元明清至民国共11层路面叠压的铁证，"千年古道""岭南第一街"等称号，就绝不为过。

北京路的深厚历史积淀，在其名称沿革上亦有充分反映。它最早称"双门底"，源于唐宋时期开有双门的清海军楼（今西湖路口）。明清

北京路标志

时期，广东省承宣布政使司（相当于省政府，在今省财政厅位置）、内城的大南门（今大南路口）、外城的永清门（今万福路口）均建于此，将其分为承宣直街、双门底、雄镇直街、永清街四段。永清街南端为天字码头①，有接官亭，林则徐到粤赴任、往虎门销烟，皆在此上下。1920年，广州市政当局将上述各段街道拓建为骑楼马路，统称"永汉路"，取清朝已灭，"永清"变为"永汉"之意。1936年更名为"汉民路"，以纪念辛亥革命元老胡汉民。新中国成立后复称"永汉路"。1966年"文化大革命"期间改为现名，寓意广州人民拥护党中央，向往首都北京。

北京路也是广州历史上有名的文化街。清代学政衙门在西湖街（在今西湖路），每逢考试之期，便有大批来自四乡八镇的应考的秀才、童生，在周围的书院落脚，到双门底、书坊街购买图书、文房四宝。城中

广东省财政厅

① 天字码头，即第一码头。中国传统编号常按《千字文》顺序，《千字文》第一句为"天地玄黄"，第一字为"天"。

和四乡的文人雅士，也常来搜购各种古籍善本、古玩字画。渐渐地，双门底、西湖路一带，形成了一个以售卖文房四宝、古董字画和新旧图书为主的文化市场。

刻书出版方面，双门底一带有数十家书坊，其中以翰墨园最为著名。在西湖路书坊街、九曜坊、龙藏街一带，亦多有以刻书、售书为业的书坊，如富文斋、六书斋、简书斋等，承揽广东公私刻书。公刻如学海堂、菊坡精舍、广东书局所刻各书，以及《广东通志》《广州府志》等，私刻如伍崇曜之《岭南遗书》、李光廷之《守约篇》、谭莹之《乐志堂续集》等，均出自西湖路书坊。坐落在双门底、西湖路、越华路一带的粤秀书院、西湖书院、越华书院等，也都各具刻书、藏版、藏书的功能。

清末民初，现代印刷业兴起，大批新式书局、书店进驻双门底一带，如粤东编译公司、纬文书局、国光书店、圣教书楼、商务印书馆广州分馆、中华书局等，销售各种翻译图书、新思潮图书和革命图书，为国人打开了一扇了解世界的窗口。

北京路在民国时也是报刊业的重镇。曾轰动全国的《新青年》杂

书坊街

越秀书院街

繁华的北京路

志，1921年迁到昌兴街；1923年，中共中央机关刊物《向导》也由上海迁至昌兴街。这两份杂志发表了大量时事政治评论文章，宣传中共纲领、路线、方针、政策，指导群众斗争，在中国革命史上具有重要意义。当时大量的华侨侨刊，也在双门底一带编印出版。

作为商业街的北京路，同样源远流长。双门底一直是广州最繁华的商业街。民国年间，不管"城头变幻大王旗"，北京路繁华依旧。中国电影院、永汉电影院、南关影画院、天星影画院、中央舞厅、大新公司支店天台游艺场，以及惠如、涎香、南如、吉祥、永乐等茶楼，哥伦布西餐，大大小小的酒楼、茶室、冰室，挤满了这条流光溢彩的马路，吃喝玩乐购物，无所不有。

1985年，以拆掉西湖商场，兴建30层高的超大型百货商店——广州百货大厦为标志，这条历史悠久的文化商业街，开始了划时代的转型。大批时装店、皮具店、鞋店、精品店抢滩北京路，而文化用品店则逐步撤离，或改换门庭，挂起了各种名牌连锁专卖店的招牌。

1997年，北京路改为双休日准步行街；1999年改为周末商业步行

北京路标志建筑

街；2002年元旦起改为全天候步行街；2003年，北京路北段（省财政厅至中山五路）也开始实行分时段步行。北京路改成步行街后，平日的人流量，至少有40万人次，周末达60万人次，节日人流量可高达100万人次。其单位面积商品零售总额连续多年居全国之首，是名副其实的"岭南第一街"。

北京路作为两千多年广州城市建设的心脏地带，极为集中地见证了广州政治、文化、商业的发展演变，其价值可谓独一无二。2000年，北京路被广州市人民政府公布为内部控制历史文化保护区；2020年4月9日，经广东省政府批准，成为第一批广东省历史文化街区。

作为广州两千余年建城史全过程的见证者，北京路历史文化街区的价值之巨，不言而喻。根据保护规划，其物质空间保护要素包括山水城垣（1处历史水系左一脉、历史城垣格局）、传统格局与肌理、传统街巷33条、历史环境要素26处（麻石街巷4条、牌坊或门楼等传统构筑物5处、旧址遗址4处、石阶2处、古树名木7棵、景观风貌街巷4条）、不可移动文物16个（18处）、地下文物埋藏区1片、历史建筑2处、传统风貌建筑线索（41处），其他具有保护价值的建筑17处。

不同时期历史文化的层积垒叠，是北京路历史文化街区最显著的特点。以南越国宫署遗址为例，它在中国园林史、建筑史和工艺史上均有重大历史意义与价值，目前为全国重点文物保护单位，已建成现代化的遗址博物馆。在这之前，它曾是布政使司衙署花园、法国领事馆、永汉公园、广州动物园、广州儿童公园。第二次鸦片战争和抗日战争，民国和新中国的公园建设，都在这一地点留下了时代的印记。

北京路历史文化街区计有地名文化8处、老字号知名店11项、传统艺术技艺8项、名人事迹17项、民俗节庆3项，相当丰富。

从明清开始，每年春节前后，双门底就成了一个锦天绣地的花花世界，卖素馨花的、卖吊钟花的、卖水仙花的，挤满城根街衢，五彩缤纷，弥望不绝，花开如积雪，芬芳成云烟，笼罩全城。清代文人潘贞敏在《花市歌》中称：粤省藩署（今省财政厅）前，夜有花市，游人如蚁，至彻旦云。后来，岁暮花市成了广州过新年的习俗，流传至今，广州人雅致地称之为"逛花街"。

到了红衰翠减的金秋九月，华光神诞又为双门底带来另一个热闹的高潮。《南越游记》一书，生动地再现了清咸丰年间，双门底举办酬神

老字号一条街

大佛寺

活动的盛况："雄镇街通衢建篾棚，棚高数丈，轩豁宏敞，涂以五色，皆花鸟人鱼之状。下复承以布幔，张灯施彩，中多琉璃洋物。市门各悬傀儡，造制奇巧，锦绣炫目。两旁栏内罗列名花珍果、珠玉古玩，错杂繁阗，靡不工致。间数武则有彩轩，中奏八音，歌声达旦，往来者流连观听。自藩署直至南门，灯火辉煌，金鼓喧震，男女耳目，势不暇给。凡三昼夜，复演剧以终其事，合计所费不下万金。"

千年古楼遗址

南越王宫博物馆

讲古论今

陈李济

陈李济药厂是中国首家以中医药为主业的世界500强企业——广州医药集团的全资子公司。北京路上的陈李济陈皮养生茶道馆是陈李济药厂的旧址。

陈李济药厂创建于明万历二十八年（1600）大南门内的己未牌坊脚（现北京路194号），是现存历史最悠久的中药企业、全国首批"中华老字号"。其时，南海县人李升佐在此经营一间中草药店。某日，李在码头发现一包银两，于是在原地苦候失主，日复一日，终于等到失主陈体全。陈感念李的高风亮节，将失而复得的银两半数投资李的中草药店，两人将中草药店取字号"陈李济"，立约："本钱各出，利益均沾，同心济世，长发其祥。"改为合股经营后，两姓族长组成董事会，司理由两族轮流选任。这种跨家族的股份制，已有现代企业的雏形，反映了明清岭南工商业组织形态的先进性。陈李济生产膏、丹、丸、散、茶、油、酒、锭八大系列的药剂，并于康熙年间首创蜡壳丸工艺，能防

广药陈李济

潮防霉防蛀，极大延长了药物保质期，助力"广丸"成为清代皇家御药和华侨出洋的必备物资，也推动了中药包装的升级换代。

太平馆

第一家中国人开的西餐馆，就在北京路上，名为"太平馆"。广州一口通商时期，已有行商以西餐宴请洋商，这种以粤菜用料和口味改良的西餐，反令洋商自愧不如。于是洋行雇佣粤厨成为风尚，粤菜汇通中西之路也自此开启。太平馆创始人徐老高，原为美国旗昌洋行雇厨，离职后在大南门外太平沙（今北京南路）摆档煎牛扒，味美价廉，迅速走红，登上1861年《纽约时报》的"广州游记"栏目。1885年，徐老高在太平沙正式开店，取名"太平馆"。由于徐氏后人经营得法，太平馆再推出红烧乳鸽等驰名菜式，逐步成为民国时期广州政务商务宴请的西餐首选，承揽过北伐誓师和中山纪念堂落成等重大活动的餐点供应。周恩来、邓颖超的婚宴就在太平馆举行，他们在新中国成立后还两度光临，指示要进一步把西餐办好。

太平馆

（三）恩宁路历史文化街区

　　恩宁路历史文化街区位于广州市西关的南部，南至逢庆西约、土德二巷，经蓬莱路（含东南侧沿街建筑）至蓬莱正街、和平西路，北至荔湾涌（大地涌），西至昌华涌，东至宝华路、大同路。保护范围面积16.03公顷，其中核心保护范围面积5.38公顷，主要沿恩宁路骑楼街两侧，包括永庆和逢庆片区；建设控制地带面积10.65公顷。

　　恩宁路与多个历史文化街区接壤，北为多宝路，西为昌华大街，东为宝华路和上下九—第十甫路。这几个街区都是广州西关的重要组成部分。现恩宁路常被宣传为"广州最美老街""最长最完整的骑楼街"，严格意义上，恐怕要将与其相连的上下九—第十甫路以及龙津西路合计，方能成立。其中上下九—第十甫一带，是梁代禅宗祖师达摩的西来初地，是隋唐南海西庙所在，自明末清初以来一直是西关的商业中心，老字号云集，尤以餐饮业发达闻名。短短的1.5公里，汇聚了陶陶居、莲香楼、广州酒家、趣香饼家、清平饭店以及多家西关小吃名店，是粤

恩宁路街区风景

骑楼街

第十甫街道

菜文化的精华地段。

　　历史上的恩宁路所在地段，已是西关边缘，河涌密布，地势低洼。从广州城内玉带濠经西关大观河之水，与大地涌一起，在此汇入柳波涌，直出珠江。恩宁路街区东半部为十一甫、十二甫，是当时西关最繁盛的第九甫、第十甫之延伸。此后十三甫转到第十甫以南，表明恩宁路街区的西半部至少在明中叶尚不宜人居。逢莱路建于逢莱基之上，无论"逢莱"的意象还是基堤的实质，都显示明清时期该处仍是珠江边的湿地滩涂。

　　恩宁路地段完全成为城市型聚落，当在清中叶以后。宝华路、多宝路一带是绅商聚居的西关大屋区，多建于同治、光绪年间，街巷宽阔，肌理整齐。恩宁路西部的永庆大街（今永庆坊）、逢庆大街当是之后开发的竹筒屋街坊，通过多宝桥、至宝桥与西关大屋区相连。永庆、逢庆之间是恩宁市，东接恩宁大街，再东过逢莱桥或汇源桥，接十一甫。而十一甫和恩宁大街之间的元和街（已拆除，现为粤剧艺术博物馆）一带，是疍民聚落，主要为西关富户处理粪便，粤语谓之"倒夜香"（故

恩宁路街区内的河涌　　　　　　　　　　金声电影院

有巷名"芙蓉坊"）。受此影响，恩宁路地段的东西两部分一直无紧密联系，商业也不发达。

　　20世纪20年代广州建市后，西关地区开始辟马路、建骑楼。第一段为上下九、第十甫和宝华路，呈L形，连接城区与西关大屋区，进一步巩固了西关原有的商业布局。直到20世纪30年代初，为了路网的完整性，才将恩宁市、恩宁大街、十一甫拓宽并连成一路，称"恩宁路"。恩宁路的骑楼，也是此时建成。但其商业氛围一直远不如其东邻上下九、第十甫，内街的建筑艺术水平也比不上北邻的西关大屋区，更比不上其西部新开发的昌华大街花园洋楼区。当时恩宁路最有名的建筑，当是位于东端宝华路口的金声电影院。

　　抗日战争胜利后，当时粤剧界的最高行会——八和会馆恢复活动，

第16届亚运会整治前下九路1—35号立面拼合

骑楼内街　　　　　　商业街　　　　　　　　李小龙祖居

购得恩宁路177号作为新址，恩宁路遂成为粤剧艺人的主要活动、居住地之一。

　　2007年恩宁路地段进行危房改造，引起舆论巨大反响，最终从大拆大建转向保护和微更新。这一事件成为广州历史文化保护传承事业的一个转折点，也成为恩宁路自身历史的转折点。沿街骑楼得到了保护和修缮；已拆除的元和街一带，新建为粤剧艺术博物馆；其余地段则被改造更新为永庆坊文化旅游景区。媒体和公众的长期关注，推动了周边大量历史文化资源的倾注，令永庆坊一跃成为西关文化的集中展示地。

　　2018年10月24日，习近平总书记来广州视察，第一站就去了永庆坊，指出城市规划和建设要高度重视历史文化保护，不急功近利，不

恩宁路建筑风格

大拆大建。要突出地方特色，注重人居环境改善，更多采用微改造这种"绣花"功夫，注重文明传承、文化延续，让城市留下记忆，让人们记住乡愁。这一重要指示为全国的历史文化保护传承以及城市更新工作指明了方向。

恩宁路作为广州西关的边缘，较完整地延续了东起上下九的西关骑楼环路；作为八和会馆馆址所在地，见证了粤剧艺人的历史活动；作为广州旧城保护更新思想转变的发生地，见证了历史文化保护传承意识在当代中国的重大提升。2014年生效实施的《广州市历史文化名城保护规划》确定恩宁路为历史文化街区。2020年4月9日，经广东省政府批准，恩宁路成为第一批广东省历史文化街区。街区内有李小龙祖居、八和会馆等区级文物保护单位2处，区级登记保护文物5处，历史建筑线索7处，传统风貌建筑（含线索）35处；此外，还有恩宁路骑楼街的尺度、走向、建筑风貌，十六甫西二巷等传统街巷格局，麻石街巷、牌坊等。

恩宁路地段受大观河、大地涌、柳波涌等水系的影响，空间格局上呈现多元肌理的有机拼贴状态。经过2007年以来的拆建，目前河涌部分得到恢复，清晚期的竹筒屋街坊风貌也基本得以保存。纳入保护的传

粤剧艺术博物馆　　　　　　永庆坊街道

统街巷主要是恩宁路和蓬莱路附近街巷，其中麻石街巷有17条之多。

　　恩宁路的骑楼立面现已整饬一新。取代疍民聚居区的粤剧艺术博物馆，带来了新岭南建筑和园林的肌理和风格。永庆坊式的微更新带来的新旧交汇，也呈现了当代流行的历史地段设计潮流。上述做法均引发过舆论争议，但也颇能代表保护意识转型期的状态。

　　恩宁路的非物质保护要素包括粤剧、咏春拳、西关打铜工艺等，其中以粤剧文化为著。街区内有八和会馆馆址，銮舆堂，李小龙祖居，张活游旧居，刘美卿旧居，小飞红旧居，卢启光旧居，梁家森旧居，林超群、林小群旧居，何碧溪旧居等，还有新建的粤剧艺术博物馆。

　　此外，永庆坊号称广州首个非遗街区，内有广州非遗街区（永庆坊）荔湾非遗体验中心，是广州非遗的集中展示窗口。

讲古论今

詹天佑故居

　　人人皆知詹天佑是中国铁路之父、近代工程之父，但甚少知道其故居位于广州恩宁路历史文化街区内。詹天佑的曾祖父詹万榜，祖籍徽州

詹天佑故居

婺源（今江西省上饶市婺源县），因经销茶叶来到广州。当时广州一口通商，各地茶商云集，称为"走广"。茶商创设的徽州会馆就在第九甫（今下九路皇上皇腊味店位置）。祖父詹世鸾继承父业，于乾隆二十五年（1760）开始迁到广东省城西门外十二甫开设茶行（位于现十二甫西街）。詹世鸾于嘉庆二十五年（1820）呈请南海县入籍，获得批准。詹天佑生于1861年，1871年读完私塾，随即入选首批留美幼童，离开家乡。1911年2月，詹天佑赴任粤汉铁路总理兼总工程师，回到阔别多年的广州，其办公地黄沙车站，就在其祖居西南一里。在广州期间，詹天佑还创立了广东中华工程师会，当选为会长。1913年，詹天佑被任命为粤汉铁路会办，掌管粤、湘、鄂三省粤汉全线工程，自广州迁居汉口，直至1919年病逝。

八和会馆

八和会馆创建于清朝光绪十五年（1889），是粤剧艺人的行会组织，分为八个堂，涵盖生、旦、净、丑、武、乐师、经纪等工种，取

八和会馆

八方和合之意。八和会馆为艺人提供临时住宿，自办小学供会员免费就读，还附设方便所、一别所和老人院各一个，照料会员的生老病死。会馆实行行长制，凡行内发生纠纷，则由"叔父"及行长调停处理。八和会馆的成立和运营，使粤剧行业走向规范化，并提高了艺人的社会地位，在省港澳文艺事业的现代化进程中扮演了重要角色。八和会馆原址位于黄沙海旁，前临白鹅潭，后枕柳波涌，东与西关官濠（大观河）为邻，水路交通区位优越，有利于红船戏班业务的开展，惜毁于抗日战争期间。战后粤剧界回到广州，最终选址恩宁路重开，一是距离黄沙旧址不远，二是因为许多粤剧艺人都已在西关置业，此处更为近便。早年八和会馆主要创始人邝新华就在恩宁路永庆大街二巷（即现在銮舆堂所在地）置有房产物业。粤剧"四大名丑"之一、功夫巨星李小龙之父李海泉于1947年在恩宁路永庆大街一巷购置一栋西关大屋，至今仍保存完好。新中国成立后，从香港回广州的马师曾与创立红腔的红线女夫妇也一度住在恩宁路吉祥坊。如今，恩宁路街区利用部分被拆除地段建成了粤剧艺术博物馆，进一步助力粤剧文化传承。

西关打铜

西关地区本有一条打铜街，在现光复南路，为广州传统打铜业的聚集地。如今恩宁路成为西关打铜的传承地，则别有一番故事。现为广东省非遗项目西关打铜代表性传承人的苏广伟，在恩宁路出生、长大，童年时已对铜器制作深深着迷。1998年下岗后，他决定在恩宁路143号开铜器店，取名"天程铜艺"。苏广伟坚持手工打铜，在2007年迎来发展的转机。当时恩宁路开始旧城改造，很多老街坊在搬离之前拿出"传家宝"铜盆、蒸糕盘给苏广伟修补，也有街坊把这些"传家宝"送给"天程铜艺"作展示。儿子苏英敏看准年轻一代的怀旧情怀和文化消费意愿，开始做网络推广、拍宣传片，推出铜麻将、铜骰子、铜雀笼等新产品，果然引发关注，各种展会、活动、采访接踵而至，生意也迅速扭亏为盈。2010年以后，恩宁路上的打铜铺越开越多，最多的时候有十多间。随着2013年西关打铜工艺入选省级非遗，打铜也正式成为恩宁路的新文化名片。

西关打铜

（四）沙面历史文化街区

沙面历史文化街区位于广州古城西南的白鹅潭畔，四面环水，古树参天。其范围南濒珠江，北至六二三路北侧，西至珠江隧道西侧，东至人民桥。保护范围面积39.1公顷，其中核心保护范围面积31.4公顷，建设控制地带面积7.7公顷。

沙面本为白鹅潭中的一片沙洲，古称"中流沙"，或"拾翠洲"。白鹅潭江阔水深，相传为明代广东农民起义领袖黄萧养与官兵激战牺牲处。今日沙面公园内还有黄萧养的雕像。

清中叶后，沙面的北岸和东岸日益淤浅，和西关沙基（今六二三路）几乎相连，吸引大量水上居民（疍民）泊驻，并逐步发展为广州出名的花艇（妓艇）区。因该处扼白鹅潭之要，鸦片战争前夕清政府曾设西固炮台于此，铁炮为佛山铸造。

鸦片战争后，西方列强一直谋求在广州设立租界，但因为广州人民英勇的反入城和反租地斗争，十余年间毫无进展。第二次鸦片战争期间，英法联军占领广州三年，最终迫使清政府签署《沙面租界协定》。

鸟瞰沙面

吸取十三行夷馆区被广州军民焚毁的教训，租界方面疏浚沙基涌，以90英尺为阔，拆毁炮台，取其石料砌筑堤基，将沙面改造为与西关大陆隔涌相望的人工岛，仅留一石桥出入。涌一半水域属沙面，禁止泊船。全岛东西2850英尺，南北950英尺，约0.3平方公里。岛内规划了大街、南街和北街3条东西向主街，宽100英尺，5条南北向小街宽50英尺。英租界在西，占地211亩，法租界在东，占地53亩，分界线在南北向的第一街。

从1861年到1941年为止，沙面作为广州唯一的租界，延续了原十三行夷馆区的商贸和外交功能，且设施更为完备、独立，如同城中之城。有英国、法国、日本、德国等国领事馆；有英国汇丰银行、法国东方汇理银行、美国万国宝通银行、日本正金银行等银行；有英国怡和、日本三菱、德国谦信、英国电器行、德国铁行等洋行；有英国太古船务公司、英国省港轮船公司、英国卜内门化学肥田料公司、英美烟草公司、英国屈臣氏汽水公司、美国美孚煤油公司、美国德士古煤油公司、英国亚细亚煤油公司等公司；有英国胜利酒店、制冰厂、经济餐室等商

沙面建筑风貌

业服务业；此外还有保险公司等。宗教方面有天主教堂、基督教堂、天主教学堂。居住方面有英国管理的中国海关宿舍、英国海关职员俱乐部、英国俱乐部、美国俱乐部、英国海军宿舍等。治安机构有英、法两国的差馆（警署）。沙面南岸还设有公园、网球场、游泳场等体育休闲设施。

1941年珍珠港事件后，美、英对日宣战，当时占领广州的日军遂实行军事接管沙面，把英、法、美等外国人都关入集中营。为了笼络人心，日军名义上将沙面移交汪伪政府接管，但实际上仍操控在自己手中。日本投降以后，沙面虽由国民党政府接收，但仍然是美、英、法等外国人的势力范围，直到1949年广州解放，沙面才真正回到中国人民的怀抱。

新中国成立初期，原英国领事馆改为广东省人民政府外事办公室，维多利亚酒店变为接待外宾和劳动人民的胜利宾馆。原外国银行、洋行多改为机关、企业和宿舍。部分建筑则作为社会主义阵营国家的领事

沙面街道

沙面建筑风格　　　　　沙面建筑细部　　　　教堂

馆、商务机构，如苏联领事馆、波兰领事馆、越南领事馆、朝鲜输出入商社、中波轮船公司、中阿轮船公司等。由于沙面作为"涉外""总部"的功能基本得以延续，其历史风貌和环境氛围也得到了很好的保持。

1983年，由爱国港商霍英东与广东省人民政府投资合作，在沙面南街堤外填河3万平方米建成的白天鹅宾馆正式开业。这是中国第一家五星级酒店。英女王伊丽莎白二世，美国总统布什、尼克松，德国总理科尔，及卡斯特罗、基辛格、西哈努克、李光耀等国际名人都曾下榻于此。中国改革开放的总设计师邓小平三次莅临，并亲笔题字。

坐落于白鹅潭畔的沙面岛，四面环水，古树参天，风光旖旎，拥有独特的自然和人文环境，在中国近现代史和改革开放史中也留下了重要一页；岛内以中央绿轴与方格街区为空间特色，欧式风情的建筑群保存完好。2000年，沙面被广州市人民政府公布为第一批历史文化保护区。2020年4月9日，经广东省人民政府批准，成为第一批广东省历史文化街区。广州沙面建筑群被整体列为第四批全国重点文物保护单位，包括49栋文物建筑，一座桥，两个公园，一处石堤、石埠头，以及一个网球场，共54处。此外，沙面一街到五街以及沙面大街是广州的一类传统街巷，岛对岸的六二三路是三类骑楼街。

沙面是一个独立的市政区域，整个街区经统一规划，依规划实施，最终形成的自然景观和人文景观都在广州历史城区内独树一格。岛外是宽阔的白鹅潭，三江六岸，水天一色；岛上绿树成荫，环境宜人。一百余座西式风格建筑坐落其中，包括新巴洛克式、仿哥特式、券廊式、新古典式及中西合璧风格建筑，无论是造型、细部还是平面布局以及外部空间设计都体现了浓郁的异国风情。沙面社区的公共活动设施和市政设施完善齐全，有着良好的社区生活氛围。

坐落于沙面西南角的，是中国改革开放的重要标志，也是中国现代建筑和岭南建筑学派的里程碑式代表作——白天鹅宾馆。它是国内第一座由中国人自行设计、自行施工与自行管理的五星级宾馆，获全国工程组织建设、建筑设计、施工三项金质奖章。隐于现代化中庭里的"故乡水"，凝聚了岭南建筑学派代表人物佘畯南、莫伯治等先生的意匠，也触动了许多海外华侨的家国情怀。

沙面的非物质性保护要素包括：挖沙基涌、新建十三行、梅林事件、三方谈判、火烧英国领事馆主楼、新建白天鹅宾馆等历史事件，以及南粤水上人家、白天鹅与黄萧养的传说故事。

沙面见证了中国近现代革命史中的许多重大事件。1925年6月23

旧领事馆建筑

沙面岸边

日，广州的工人、学生和各界人士共几万人举行反帝大游行示威，声援上海"五卅"运动。中共广东区委主要负责人陈延年、周恩来参加了游行。游行队伍沿惠爱路（现中山路）、省财厅前转入永汉路（现北京路）、泰康路、一德路、太平南路（现人民南路）到长堤直趋沙基（现六二三路）。下午2时40分，当游行队伍前队已经过西桥附近转入内街，后队亦将到西桥的时候，沙面当局在西桥桥头的碉堡、水塔以及在屈臣氏汽水公司等高楼大厦架设机枪，向示威游行队伍疯狂射击。停泊在白鹅潭河面的英、法、葡等国的炮舰也卸下炮衣，开炮向示威游行队伍轰击，当场中弹被害死亡者52人，重伤170余人，这就是"沙基惨案"，又叫"六二三"惨案。

讲古论今

治平洋行

治平洋行（Purnell & Paget）由澳大利亚建筑师亚瑟·威廉·帕内（Arthur W. Purnell）和美国建筑师、土木工程师查尔斯·苏德斯·伯捷（Charles Souders Paget）合作开办，是清末民初广州最重要的建筑师事务所，也是广州城市与建筑近代化的重要实践者与见证者。1904年夏天，帕内在沙面粤海关俱乐部的设计竞标中获胜，得到了价值4.5万英镑的建筑施工合同，此后他与伯捷在沙面合伙开设治平洋行，正式开启创作生涯，陆续设计建造了沙面的英国人广州俱乐部、花旗银行新楼、万国宝通银行、瑞记洋行等大批建筑。良好的声誉也为治平洋行带来了清末民初广东官方几乎所有重大建设项目，包括广州西堤的大清邮政局、粤海关大楼、广东士敏土厂（后改为大元帅府）、洲头咀的波楼（当时海关工作人员的俱乐部及关舍）、粤垣电灯公司（五仙门电厂）、亨宝轮船公司仓库（今渣甸仓旧址）、中法韬美医院部分建筑、美国南浸信传道会在东山的培道学堂（今广州市第七中学前身）等。伯捷在广州市政厅成立之后被聘为设计委员会成员，在20世纪20年代前期还为广州市政厅各局属设计了许多公有建筑，包括1924年的广州市中央消防总所（今文明路广州市消防局）等。时至今日，治平洋行两位主将留下的作品几乎都已成为文物保护单位。

治平洋行对中国近现代建筑的贡献，更体现在新技术、新材料的应用，以及对中国建筑人才的培养上。瑞记洋行新楼和岭南学堂东堂等建筑，是中国最早运用钢筋混凝土结构的建筑。在帕内与伯捷的指导下，中国工人掌握了许多西方建筑技术，如砖券砌筑、钢筋绑扎等，并通过一个个营造项目，将这些技术传播开来。作为最早掌握钢筋混凝土技术的中国营造商，他们的重要合作者林护的联益公司迅速发展起来，并向上海、南京、长沙等地拓展。而林氏兄长林裘谋是联益公司的经营者之一，其子林逸民后来成了广州市工务局局长和南京市国都设计技术专员办事处处长，先后主持制定了南京《首都计划》等重要规划文件，是民国时期广州、南京一系列城市运动的重要实践者。

白天鹅宾馆

中国内地首家五星级酒店，内地首家合资的五星级酒店，内地首家由中国人设计、建设和经营的五星级酒店——白天鹅宾馆为人津津乐道的威水史，从改革开放说起。1978年，作为改革开放前沿阵地的广州，

白天鹅宾馆

需要建达国际水平的五星级酒店，这个任务落在祖籍番禺的爱国商人霍英东肩上。经过多番考察，他最终选定沙面岛，并承诺不破坏沙面岛环境，不占用沙面岛的地——以他在香港填海的经验，将在沙面岛以外的江面围堰造地，把酒店建在江上。

与广东人务实的性格相似，白天鹅宾馆的设计既节约又奢华。当年建白天鹅宾馆的主要任务之一，是服务广交会日益增长的外国客商。然而因白天鹅宾馆地处航道，也为了不破坏沙面景观，酒店建筑高度要限制在100米以下。当年的设计团队通过巧妙的菱形平面布局和对层高的极限压缩，最终在不到100米高的楼内成功塞进了1000个房间。而室内设计方面，霍英东坚持请美国著名的HBA酒店设计公司的外国设计师来做，所以白天鹅宾馆的室内设计是当时内地最高端的。正是因为白天鹅宾馆的高规格，酒店运营后，其先进水平和豪华程度在国内引起轰动，全国各地的酒店同业都来考察。

白天鹅宾馆是国家在改革开放的试验田播下的种子，后来的事实也证明了它的成功，白天鹅宾馆带动大批外资进入广州。随后开业的中国大酒店、花园酒店等五星级酒店，让广州在当时全国8家五星级宾馆中占了3家。白天鹅宾馆还是当年第一家对公众开放的五星级酒店，也因此成为老一辈广州人的集体记忆。

（五）新河浦历史文化街区

新河浦历史文化街区位于广州新河浦北岸，是清末民初广州东山郊区的代表，范围东起达道路，西至均益路，北接庙前直街、寺贝通津，南临东华东路、新河浦涌和东山湖公园。该街区是广州最大的历史文化街区之一，保护范围面积62.91公顷，其中核心保护范围面积47.28公顷，建设控制地带面积15.63公顷，在保护范围外划定了41.97公顷的环境协调区。

新河浦地区原是广州城大东门外一片人烟稀少、坟茔众多的郊野岗地。最早见于史乘的是明初市舶太监韦眷自建的永泰寺，清初将其前殿改为东山庙。但直到清末，当地仍只有寺背底村和山河村两个居民点。上述故迹今已不存，仅留下庙前直街、寺贝通津、山河大街等地名。

1906年广九铁路动工兴建，因东山临近火车站，美国浸信会乘机大片购地，设立东山浸信会堂、培正学校、培道女子中学、美华书局、恤孤院等，作为传教基地。一批旅美华侨以及外国人随之前来投资、居住。十年间，烟墩、龟岗、江岭等小丘已开街立宅，初具雏形。

1917年，省城警署在永泰寺设立分驻所，安立街名，编订门牌，登

新河浦

东山口龟岗大马路

记户籍，新河浦纳入政府管辖，房地产开发建设全面铺开。华侨集资成立的嘉南堂、南华、合群、广成等置业公司，成为当时的开发主力。今日的新河浦路、恤孤院路、合群路等花园洋楼区，都是合群置业公司成片开发的产物。

由于居住理念先进、环境优美、配套完善，军政官员也陆续在新河浦置业，客观上推动了政府对当地发展的重视。广州市工务局将东山作为城区主要拓展方向，强力迁坟，为东山的全面开发奠定基础；具有花园城市思想色彩的模范住宅区、东山公园、东山小学（今署前路小学）均落地于新河浦周边，延续了东山开发的高标准。到全面抗战前夕，新河浦已基本建成了一个成熟并相对独立于广州市区的花园洋楼区。

快速发展的新河浦，在中国革命史上也留下了重要印记。1923年，中共中央机关从上海迁往广州，租用新河浦畔刚刚落成不久的春园办公，陈独秀、李大钊、毛泽东都在这里住过。当年6月，中国共产党在恤孤院路召开了第三次全国代表大会。会议标志着党从创建时期转入大革命时期，也标志着统一战线政策的正式形成。

新中国成立后，新河浦地区及周边成为广州军区和广东省委驻地，其政治经济社会结构基本得以延续，优雅高尚的住区风貌也大体得以传承。

新河浦街区是中国共产党早期革命活动策源地之一，中共三大召开地；是清末东山一带以铁路修建、西方宗教传入为缘起，由归国华侨、民国官员及富商等推动建设的近代新式居住街区样本，广州城市东扩的重要历史印记；是清末民初社会剧变背景下，中外思想文化并置融合的落脚点，近代广州多元文化的孕育地和空间载体；是以近代公共建筑和民国独栋花园洋房等为主体，多元风格建筑并存的广州近代街区珍贵范例。

2000年，新河浦被广州市人民政府公布为第一批历史文化保护区。2020年4月9日，经广东省政府批准，成为第一批广东省历史文化街区。截至2021年，新河浦历史文化街区有不可移动文物11处，包括中国共产党第三次全国代表大会会址（全国重点文物保护单位）、东山浸信会旧址、隅园、明园、广州培正中学早期建筑群（市级文物保护单位）等；历史建筑25处；不可移动文化遗产保护线索266处，大部分位于核心保护范围内，主要分布在启明社区、新河浦路、寺贝通津、保安

花园洋楼

培道纪念堂

前街附近区域。此外，还有推荐一类传统街巷7条、推荐二类传统街巷52条、推荐二类骑楼街1条。

新河浦街区内有广州现存规模最大的中西结合风格的花园洋楼群，多建于20世纪二三十年代，是当时华侨、军政要员的住地，反映了花园城市理念。街区现存约400栋洋楼，吸取欧美各类别墅形式，普遍以红砖、钢筋混凝土为结构材料，以清水砖、水磨石、水洗石米、拉毛等工艺作外墙饰面，以花阶砖、马赛克为地面铺装，又以"庐""园"等富于古典诗意的中文命名。其中出类拔萃之作以"五大侨园"（春园、明园、简园、逵园、隅园）为代表。

春园位于广州市越秀区新河浦路22、24、26号，建于1922年，由华侨投资建设。该建筑坐北朝南，是一式三幢并列的三层砖混结构的西式建筑。

春园每层宽约9.81米，长约19.1米，每幢建筑的占地面积约187平方米，正面三开间，屋顶设天台及女儿墙和护栏，二楼、三楼正面为柱

春园

新河浦路

培正路

基督教东山堂

廊式阳台，设铁栏杆，一楼有拱券式大门，两侧为拱券式窗。仿爱奥尼式巨柱贯通二、三层。楼房内地面铺红色地砖。

简园位于恤孤院路24号，大门现改在培正路13号。简园建于1920年左右，是一幢西式风格的三层钢筋混凝土楼房，前花园有喷泉花圃，围墙上部以岭南情调的绿釉陶竹筒装饰，整体上精致而不失其庄严，在东山别墅群中堪称首屈一指。

简园的后院墙据说使用了当年广州拆除的老城城砖，厚重古朴，坚固耐用。1918年10月广州市政公所成立，大规模拆除旧城墙、开辟新城区的工程进入高潮，东山地区也在教会以及美洲归侨黄葵石、杨远荣、杨廷霭等数年的开拓下，营建正酣，不少华侨大宅就近从大东门一带寻购拆下来的城砖用作建材，堂皇又便利。

讲古论今

中共三大与春园

1923年4月，中共中央机关从上海迁到广州，租用春园作为机关办公处，筹备6月举行的中国共产党第三次全国代表大会。毛泽东第一次来广州，就是来参加中共三大。他积极赞成共产党同国民党建立反帝反封建军阀的联合战线，但不同意"一切工作归国民党"的观点，主张保持共产党的独立性。在三大的选举中，他首次成为中央局成员。三大会议期间，陈独秀、李大钊、毛泽东、瞿秋白、张太雷、罗章龙都住在春园24号二楼，并在客厅开会讨论修改中国共产党党纲、党章，起草大会的宣言和各次决议草案。共产国际代表、苏联驻广州革命政府代表鲍罗廷曾在26号三楼居住，苏联将军嘉伦在二楼居住，孙中山曾到此拜访苏联友人。

中共三大会址纪念馆

简琴石与简园

简园原为简琴石自建的产业，故名"简园"。1923年6月中共三大在广州召开期间，中共三大代表毛泽东常在会议休会时到简园拜访谭延闿，争取他支持国共合作。1949年10月广州解放时，华南文工团进城后即在简园设团部，组织"广州入城式"的相关活动。2015年，省文化厅拨出专项文物维修资金300多万元，对简园进行全面修复与整治。2017年后，简园为广东省文物考古研究所古建筑保护研究中心的办公地。

简琴石，祖籍广东番禺，生于越南，在商界和政界有所建树，也精通文艺，尤嗜篆刻、书法，开甲骨文篆刻之先河。民国初年，他曾任南洋兄弟烟草公司广州方面的负责人，也曾兼任广东精武会干事长；大革命时期，他出任广州国民政府参事，一度在政治舞台上相当活跃，被时任中共广东区委书记陈延年视为重点发展对象。1927年大革命失败后，共产党员谭天度在简琴石的资助下逃离广州，避难香港，其后假道上海赴江西参加南昌起义，简琴石也迁居上海任职侨务机构，从此专心文艺和教育，与书法、篆刻名家交游。1937年冬，简琴石自沪避难南归，在香港利园山设"袖海堂"（亦名"琴斋书舍"）授徒，慕名学书者众；1950年在香港病逝。

东山洋楼的红砖

广州东山洋楼给人印象最深的，恐怕是它们的外墙——那些不加任何涂料的红砖清水墙。这些红砖经历近百年风雨冲刷，仍然色泽光亮、条块清楚、不损不破，质量之好让人惊叹。其实它们是地道的广货，产于黄埔区东部的南岗。南岗红砖之所以如此高质，一是用于烧砖的泥质优良。南岗原是珠江与东江交汇处的一个小岛，江中淤泥质地细腻，烧出的砖块自然结实细密。二是烧砖的燃料用油分大的松尾、杉皮、岗草等晒干植物，在烧制过程中，植物的油质渗入砖中，砖便显得油光滑亮。同时，南岗位于全省水路要津，上游山区的植物燃料，可以通过水路很方便地运达南岗。

随着珠三角城乡建设的近代化，建材需求量大增，能在本土出产的优质红砖，自然走俏市场。南岗红砖除供应广州、中山、台山、开平等地外，还大量销到香港和澳门。香港中银大厦就专门订购南岗红砖作为建材。那时的南岗人，已有商标意识，出产的红砖均用统一标记——"三角唛"。1938年日军入侵广州前，是南岗红砖生产的兴盛期，砖厂有十多家，砖窑二十多座，较有规模的砖厂有永丰、泰和、四和、永裕隆、永兴隆、永利隆等。当时，每座砖窑一次可烧砖14万块，出窑后的红砖，每块重4.9斤（司马秤），沉于水中吸足水分后再称，重量达到6.3斤方为合格，达不到则被淘汰，质量要求极高。由于南岗红砖供不应求，砖厂生意兴隆，工人收入也高。南岗附近的增城、番禺等地的农民，因美慕砖厂收入高，也纷纷前来这里打工，南岗常住的"外来工"通常过千人。

1949年后，东江修筑堤坝，南岗的农民不再挖江泥了，砖厂便从东莞麻涌运来蕉基泥，从清远运来黏土，从石龙运来红泥，三土合一烧制红砖，这时的南岗红砖，质量就更好了。后来，南岗砖厂逐渐式微，南岗红砖遂成人们记忆中的产物。

东山红砖楼

红砖花园洋楼

二、海滨邹鲁　物阜民丰
——潮州

（一）名城简介

潮州位于广东省东部，地处韩江流域中下游腹地，西与揭阳市接壤，南与汕头特区相连，东北与福建省交界，东南濒临大海，是广东省经济建设地缘格局的"东大门"。

晋义熙九年（413），析东官郡部分为义安郡，即潮州的前身，其郡治所设在海阳县（即今潮安区），海阳县成为潮州长期稳定不变的基层政区，故潮州的古地名又称海阳。隋开皇十一年（591），立州制，以"潮水往复"之故，命名为"潮"，潮州之名始出。明洪武六年（1373），以石砖修城，称潮州府城。1991年12月7日，潮州市升格为地级市，管辖新设置的湘桥区、枫溪区和潮安县、饶平县。

据考古发现，史前时期，已有古人类聚居在潮州大地上。北宋政权稳定，政策放宽，潮州农业、手工业、商业、外贸等获得了较大发展，笔架山百窑村产瓷更是远销海外。晚清时期，潮州拒不开埠通商，坚决开展爱国斗争运动。

潮州景色

广济桥

广济桥夜景

　　潮州自汉武帝元鼎六年（前111）置古揭阳县起，至今已有两千一百多年历史，且政治地位较高；天然的良港区位，让潮州成为古代海上丝绸之路的起点之一，明代更是形成了"一里长桥一里市"的兴盛景象；潮州人文荟萃，尤其是唐代的韩愈，修筑堤防，释放奴婢，更在潮州兴文重教，使潮州成为"海滨邹鲁"；自有文字记载以来，潮州一直是粤东地区政治、经济、文化中心，代表着粤东文化的集大成者。1986年12月，国务院公布的第二批国家级历史文化名城，潮州名列其中。

　　潮州古城山川灵秀，三面环山（金山、葫芦山、笔架山），南流的韩江绕廓而流。潮州古城面积约2平方公里，存有独特的"外曲内方、四横三纵"的城市形制和"东财、西丁、南富、北贵"的特色布局，在此基础上，目前的古城已经发展成为以开元寺为中心，以太平路为中轴线，四周以梳齿状排列的巷道串联居住街坊的空间结构。古城内文物古迹和传统风貌建筑占一半左右，传统街巷风貌保存完整。

作为潮州名城保护的主体，潮州古城区主要以生活居住、商贸服务、文化博览和休闲旅游作为其主要职能，集中展现潮州名城的风貌与特色。

2021年，湘桥区太平路、南门义兴甲、许驸马府、旧西门街等4片历史文化街区被认定为省级历史文化街区。潮州古城内有市级以上文物保护单位共35处，其中全国重点文物保护单位7处，省级文物保护单位5处，市级文物保护单位23处，历史建筑共3处。

潮州古城是潮州音乐、潮剧、潮州歌册、潮州木雕、潮绣、潮州工夫茶艺、潮州菜烹饪技艺等非物质文化遗产生存、活动的重要空间。潮州市域范围现有市级非物质文化遗产保护项目51个，其中省级保护项目34个，国家级保护项目15个；有市级以上非遗代表性传承人149人，其中省级代表性传承人70人，国家级代表性传承人16人。

潮州民间民俗文化是潮州文化资源中的珍贵遗产，也是中国传统民俗文化的重要组成部分，活动项目和艺术类型丰富多彩，地方特色浓

开元寺

潮州饭店老字号

潮州工夫茶艺

郁，为广大人民群众所喜闻乐见。湘桥区意溪镇（木雕）、枫溪区（瓷塑）被原文化部命名为"中国民间文化艺术之乡"。获广东省"民族民间艺术之乡"称号的有：潮安区金石镇铁枝木偶戏之乡、潮安区大吴村泥塑贴塑之乡、饶平县黄冈镇布马舞之乡、湘桥区意溪镇大锣鼓之乡。

潮汕地区人才辈出，古代就出现了许多潮籍清官，如宋代的刘允、张夔、王大宝，明代的萧端蒙、陈一松、薛宗铠，清代的郑大进等；近代诞生了谭平山、何香凝等革命志士，杨石魂、方方等革命英雄。潮汕地区的教育和科学人物也甚多，如古代的赵德、薛侃、唐伯元和现代的杜国庠、陈唯实、蔡翘等。

纵观潮州历史，对潮州影响最大的历史人物唯韩文公韩愈。韩文公于元和十四年（819）被贬为潮州刺史，他体察民情，恶溪祭鳄；荐用海阳进士赵德，兴学育才；关心农业，修堤排涝；采取"计佣偿值"措施，释放奴婢。潮州在韩文公的治理下，逐渐开化，获得"海滨邹鲁"的美誉。为感恩韩文公，潮州山水皆改姓韩，韩山、韩江，以及后来兴建的韩文公祠、侍郎阁等皆见证了韩文公对潮州的深远影响。

（二）湘桥区旧西门街历史文化街区

　　湘桥区旧西门街历史文化街区位于潮州古城西北侧，核心保护范围为东至上西平路，西至旧西门街砻臂巷，南至后铺仔、曾厝巷、经富巷一线，北至旧西门街以北30—60米范围，面积为7.91公顷；建设控制地带东至上西平路以东10—30米范围，西至环城西路，南至国王宫巷、刘察巷一线，北至中山路，面积为7.36公顷。

　　据相关资料记载，旧西门为南宋知州许应龙所筑，通城西北，正西门称"英贡门"。明代洪武二年（1369），西门移来今址，称"安定门"。洪武三年（1370）辟筑石城，通西门的道路称"西门街"，即自开元后巷、新街头、洪厝埕至西门（今西马路）。旧时通西北门的那条街，被称为旧西门街。清光绪卢蔚猷《海阳县志》记载，潮州古城曾有十一坊，自雍正五年（1727）之后，就并为七坊。旧西门街历史文化街区横跨和睦坊与里仁坊。

　　旧西门街街区倚靠葫芦山，濒临青山绿水，是潮州传统民居的集结地，也是潮州古城内保存完整、规模较大的一处历史街区。

　　2021年湘桥区旧西门街被列入广东省第二批历史文化街区名单中。

古城墙夜景

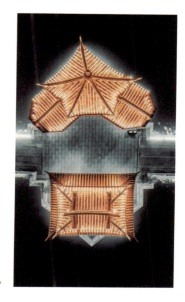

建筑形制特色

2022年举行旧西门街历史文化街区揭牌仪式。

　　旧西门街历史文化街区是以传统民居为组合单元，呈横向（东西向）排列，以巷道纵向（南北）并列而形成的坊里制街坊格局，历史街巷包括旧西门街、小卞厝巷、小鱼市巷、大井脚、彭厝巷、后铺仔、曾厝巷、经富巷。

　　街区内建筑样式和装饰复杂多样，如有"竹竿厝""趴狮""下山虎""反照""四点金"等各类传统民居样式以及形式多样的入口装饰、山墙脊头、门窗铺地等建筑细部与装饰。

　　街区内有全国重点文物保护单位潮州老城古民居建筑群（14处）中的1处、市级文物保护单位2处、登记不可移动文物2处、推荐历史建筑13处。全国重点文物保护单位黄尚书府位于上西平路2号，始建于明崇祯年间，是明南京礼部尚书黄锦的府第，坐北朝南，三进一后包，左右带从厝，占地4279平方米；硬山顶灰瓦屋面，中、后座明间为木瓜抬梁构架。整座建筑简朴少饰，是潮州具有代表性的明代府第建筑。

　　旧西门街历史文化街区是潮州古城手工业聚集区，沿西湖一带建设有潮州抽纱等手工业企业，拥有潮州金银錾刻技艺、潮州传统建筑木结构技艺、潮州抽纱等传统美术与手工业的制作传统和手工业匠人。街区传统生活氛围浓郁，具有浓厚的传统民俗与民间文化底蕴。

街区内现有14处列入地名文化遗产保护名录的地名文化遗产，包括名胜古迹4处、城区街巷10处，如黄尚书府、刘察巷曾宅、三山国王古庙、外翰第共计4处名胜古迹，以及旧西门街、曾厝巷、大井脚、后铺仔等10处城区街巷。目前，这14处地名文化遗产仍发挥着现实意义，在百姓们的日常生活中口口相传。

旧西门街历史文化街区历史上名人辈出，包括被誉为"三达尊"的南明尚书黄锦、晚清祖孙两代名士曾贯之和曾贯孙、炮轰侵略者的清末都司康长庆、清末爱国诗人丘逢甲，以及民国时期知名翻译家梅益、名老中医张长民、三星电池厂杨庭松、吴祥记洪疏九、知名画家柯晓山等，均是潮州古城的民族气节的代表。

讲古论今

黄　锦

有"三达尊"之称的黄锦自小专于诗书经史，习书史，熟掌故。万历三十七年（1609）中举，后登壬戌科进士，选进翰林院深造。他为官20年，遇上朝廷腐败，权奸当道的明朝末朝，三次推辞入阁为首辅，后官至明崇祯礼部尚书。隆武元年（1645），朱聿键建立南明政权，黄锦赴福州投隆武帝。南明政权灭亡，黄锦回到潮州。时降清后的郝尚久驻兵潮州，黄锦因其有反清图谋，倾家财助饷。郝尚久兵败，黄锦走匿于石庵山石洞中隐居读书，至今山麓留有他的摩崖石刻"最上岩""寒拾留响"等真迹。黄锦在潮州府城西上西平路2号建的尚书府，即黄尚书府，是古城现存规模最大的建筑遗产。黄锦晚年专心诗词和传授书法，著作有《笔耕堂集》，81岁时手书潮安仙田乡丁宦大宗祠石刻门联："官界太常五马清风余凤水，绩崇名宦千秋烟祀荐仙田。"

（三）湘桥区南门义兴甲历史文化街区

湘桥区南门义兴甲历史文化街区位于潮州古城南侧，核心保护范围为东至太平路骑楼建筑西侧，西至下西平路东侧沿街建筑，北起猷巷，南至庵巷，东面积为14.85公顷；建设控制地带为东至太平路以东50米进深范围，西至下西平路以西50米进深范围，北至开元路，南至七丛松巷，面积为9.03公顷。

南门义兴甲历史文化街区基本格局形成于北宋，定型于元明，一直是潮州古城的交通要道和商贸中心。明洪武初年，指挥俞良辅以石砖修筑城垣，环城开广济、竹木、上水、下水、安定、南、北七门，筑建雄伟的广济门城楼。清代，南门街巷吸引官宦、豪商巨贾聚集此处，修建府第。

南门义兴甲历史文化街区自古以来便是官宦、豪商巨贾聚居之地，明清至民国时期，每条古巷都建造府第民居，格局规整，房屋质量较高，有的宅后还附设私家小园林，集中体现了古城"南富"的历史布局特征。

骑楼街

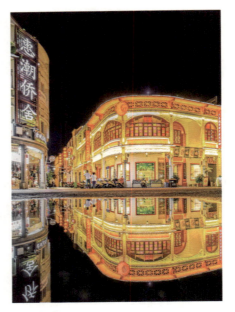

街区街景

　　南门义兴甲历史文化街区是著名的南门十大历史街巷所在地区，其中以义井巷、兴宁巷、甲第巷等历史街巷为突出代表，是潮州古城内历史建筑数量最多、分布最密的街坊。2021年湘桥区南门义兴甲被列入广东省第二批历史文化街区名单中。2022年举行南门义兴甲历史文化街区揭牌仪式。

　　南门义兴甲历史文化街区包括酰巷、灶巷、义井巷、兴宁巷、甲第巷、家伙巷、石牌巷、辜厝巷、郑厝巷及庵巷，街巷内以明清时期潮汕传统民居为主。2011年6月，"太平街义兴甲巷"入选"中国十大历史文化名街"。

　　街区内建筑遗存丰富，迄今保留有300余个保存基本完好的传统院落。其中1处为全国重点文物保护单位，2处为市文物保护单位，48处历史建筑。现存的传统建筑群体现由明至民国，潮州官邸、大户民居、西式洋楼等多元建筑形式，整体古朴雅致，其中，义兴甲三巷保存最为完整，集中体现了潮州传统民居的特点。

街区内传统民居占多数，即潮厝。潮厝院落以"下山虎""四点金"等基本格局为主体，或独立建造，或合并扩充为"驷马拖车"等大型复合式建筑。它继承了中国住宅最普遍的合院式形制，并且沿用了"一明两暗"的三开间配置住宅单元。单体布局上大致分为前厅（大门）、天井、门厅、中厅、后厅纵向拓展串联排列，及后包等其附属建筑。潮厝的营建逻辑反映出深厚的地域性营建技艺，体现出潮州地区鲜明的建筑与装饰特征，是潮州古城内民居的典型体现。

南门义兴甲历史文化街区内非遗特色明显，有2项非物质文化遗产纳入保护名录，一为国家级的潮绣，二为市级的潮州鼻烟壶制作技艺。此外，街区还留存有潮州音乐、潮州大锣鼓演奏技艺、潮剧、潮州"出花园"等传统音乐、戏剧和传统民俗活动，以及潮州传统建筑木结构技艺。

为有效保护和传承非物质文化遗产，街区内设有三处非遗文化保护和展示点，这三处保护和展示点均位于甲第巷内。其中，甲第巷11号为潮州歌册传习所、甲第乐苑。目前该所每周有歌册活动，吸引一众本地居民参与。甲第巷16号现为湘桥区民间艺术陈列馆、湘桥区民居文化展览馆、太平路文化站非遗展示点，于2007年6月下旬正式对外开放。目前该馆集中展示了潮州各级非遗、民俗文化、民居文化。甲第巷38号为潮州祥铭鼻烟壶工艺研究所、潮州市非物质文化遗产保护基地，该研究所开放给游客免费参观，设置有鼻烟壶非遗讲解和鼻烟壶作品展览。

南门街区自明代中期两浙都转运盐使司同知郑崇，被明世宗称为"岭南第一名臣"、与陈北科和林大钦并称为"潮汕三杰"的兵部尚书翁万达，有"三世尚书"之称的林熙春以及"潮州后八贤"其中两位太常卿辜朝荐和澄海绿波书院创始人杨任斯等在此设立官厅和宅邸为肇始，明清两代至民国，汇集众多官员、名贤、商贾、文人学者等在此定居或活动，街区名人密度大、品位高、门类多、文化底蕴丰厚，体现潮州人崇尚文化教育、科举入仕和诚信经营的人文精神。

讲古论今

林熙春

　　林熙春才气横溢，热心于藏书、著述。他历任四川巴陵县令、福建将乐县令、光禄少卿、右通政、太仆寺卿、太常寺卿、大理寺卿等职。历经万历、泰昌、天启、崇祯四朝，重视文化教育，关切地方民生，为潮州争盐税，减里役，倡筑炮台，倡浚三利溪，倡建凤凰台，倡修龙头、东集等桥，倡建许陇堤桥，创建龙溪会馆等，有"三世尚书"之称。

三世尚书坊，为明户部侍郎赠尚书林熙春及赠太常卿祖林瓒、父林乔樌建

（四）湘桥区许驸马府历史文化街区

湘桥区许驸马府历史文化街区位于潮州市湘桥区潮州古城北侧。核心保护范围东至北马路，西至许厝池巷以西5—20米范围、同仁里、马使埕、葡萄巷一线，北至宋厝巷以北5—20米范围，南至中山路，面积为9.59公顷。建设控制地带为东至金山西侧山脚和涸池巷一线，西至环城西路，南至龙虎门、薛厝巷一线，北至环城北路，面积为12.57公顷。

北宋期间，古城内在居住建筑、园林建筑方面有很大的发展。宋英宗驸马许珏营造的许驸马府，规模巨大。从宋许驸马府开始，这种带护厝的"府第式"民居逐渐在潮州流行开来。许驸马府历史文化街区便位于雍正五年（1727）七坊中的厚德坊。

许驸马府历史文化街区位于古城北部，自宋代以来，建造了府署、县署、中军署等古代衙门建筑，传统府第民居与宗祠建筑，集中体现了古城"北贵"的历史布局特征。

许驸马府

传统民居潮厝

　　许驸马府历史文化街区是潮州古城内文物建筑级别最高、最为集中的街区，拥有保持宋代民居格局的全国重点文物保护单位许驸马府、清代总兵府第卓府，以及黄埔军校潮州分校旧址李厝祠等一批重要文物建筑。2021年湘桥区许驸马府被列入广东省第二批历史文化街区名单中。2022年举行许驸马府历史文化街区揭牌仪式。

　　许驸马府历史文化街区以中山路与北马路为主干道，西面为西湖，内巷纵横交错。建筑基本为一层，是现在古城中分布最广、占地最多的建筑形式。其共同特点是坐北朝南，注重内采光，以堂屋为中心，以雕梁画栋和装饰屋顶、檐口见长。在平面布局方面包括了由主体院落、从厝、火巷、后包、书斋、花园等潮汕民居基本元素构成的不同组合形式。内部空间以宗祠建筑、传统民居为组合单元，呈横向（东西向）排列，以巷道纵向（南北）并列的格局。由于古城原有的防卫要求和风水观的影响，巷道一般错位交叉，呈丁字巷口。规模较大的府第正门前多设置一个小广场，以石条铺地，形成狭窄巷道中较为开敞的空间。另外，在巷道口或街角处也常设有小空地，使巷道空间收放有致。街区内的传统街巷、民居和名胜古迹，由于其宜人的空间尺度和所表现出的浓郁的传统文化氛围，集中体现潮州地方特色，成为构成古城风貌特色的重要因素。

街区内有全国重点文物保护单位许驸马府以及潮州老城古民居建筑群（14处）中的4处、市级文物保护单位2处、登记不可移动文物13处、历史建筑8处、推荐历史建筑共9处。

许驸马府历史文化街区是潮州古城历史上高门大户相对集聚的区域，庙庵堂众多，有花灯巡游的民间传统活动，西、北部建设有潮州彩瓷厂等手工业企业，具有潮州木雕、潮州花灯、潮州彩瓷等传统美术与手工艺的制作传统；以潮剧团为依托，拥有潮剧、潮州歌册、陈三五娘传说、潮州歌谣等广为流传的传统音乐、戏剧艺术形式的积淀和人才，以及游花灯等广为流传的传统民俗活动。

与府第宗祠聚集相呼应，许驸马府街区世族聚集、名人辈出，具有显著的名人文化特征，代表人物如宋代驸马许珏，军政名人众多，如率众抗元的南宋爱国将领马发、主持修建饶平堤防的明福建左布政使黄琮、获封"格良吐巴图鲁"的清虎门水师副提督卓兴，文化名士如建筑师马春来、歌册发行商李万利、联合国中国代表团咨议翁秀民等。

街区近代革命文化传统特色突出，拥有近代革命史迹李厝祠（黄埔军校潮州分校旧址）、抗日将领陈克华故居、黄埔军校医官许士芳故居（含真寄庐），是潮州光荣革命斗争历史的重要体现。其中，周恩来曾担任黄埔军校潮州分校早期政治部主任，聘请共产党员李春蕃（马克思主义原著翻译家）、李春涛（国民党左派，周恩来称之为"党外的布尔什维克"）到校授课，共产党员杨嗣震创办校刊《韩江潮》，作为宣传革命思想的阵地，为中国革命培养了一批具有奋斗精神，为打倒帝国主义及军阀而战斗的革命战士。

（五）湘桥区太平路历史文化街区

湘桥区太平路历史文化街区位于潮州古城东部，为潮州市湘桥区太平街道所管辖。核心保护范围为北起上水门街，南至古树庙街，沿太平路两侧进深10—30米范围内的骑楼建筑，面积为4.69公顷；建设控制地带为核心保护范围外30—50米范围，面积为14.48公顷。

太平路旧称大街，历史上是潮州城的南北中轴线。早在《永乐大典》宋代潮州城图中，就有大街的确切描绘。20世纪20年代开辟马路时，挖掘到一块元代致和元年（1328）的石碑，1米多高，2米宽，上面写着"太平"两个大字，所以将大街更名为太平路。

明朝时期于城内大街之上修筑起褒扬先哲名贤的石牌坊，使潮州府城更加繁华。到了清朝，1600余米长的街道修建40多座石牌坊，形成全国罕见的牌坊街景。清末直至民国年间，海外的建材、建筑模式以强劲的势头进入本土，不少传统建筑物后面也加建了"洋楼"，还有古城区沿街的骑楼，中西结合，体现了古城"东财"的历史布局特征。

太平路历史文化街区是潮州古城内风貌保存最完好的近代骑楼街，集中体现了潮州古城的传统文化和近代商业文化。2021年湘桥区太平

牌坊街门前

牌坊街日景

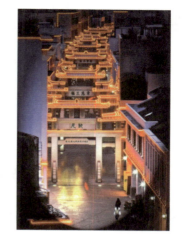

牌坊街夜景

路被列入广东省第二批历史文化街区名单中。2022年举行太平路历史文化街区揭牌仪式。

太平街为潮州古城的南北中轴线，街道两侧分布传统近代商业骑楼，格局严整有序，泾渭分明，并且沿街分布23座石牌坊，多为横跨路面的四柱三门，规模较大，鳞次栉比，风格独特，气势非凡，故被誉为"牌坊街"。

太平路集中体现了潮州古城的传统文化和近代商业文化。历史悠久，公布有文物保护单位4处、历史建筑4处。

潮州古城的民俗风尚十分丰富，太平路是潮州民俗传承的主要场所，青龙庙会等节庆活动均以太平路为主要巡游和活动空间。街区拥有潮州音乐、潮州大锣鼓演奏技艺、潮剧、潮州歌册、潮州讲古、潮州青龙庙会等传统音乐、戏剧和传统民俗活动，以及潮绣、潮州木雕、潮州剪纸、潮州花灯、潮州彩瓷烧制技艺、潮州单丛茶制作技艺、潮州菜烹饪技艺、潮州金银錾刻技艺、潮州蜡石造型技艺、潮州佛手果（老黄香）制作技艺、潮州腐乳饼制作技艺、潮州暑茶、潮州工夫茶等传统美术、技艺。这些民俗风尚风格独特，彰显了潮州悠久的历史和深厚的文化底蕴。

讲古论今

潮州大锣鼓

潮州大锣鼓是一项极富地方特色的传统技艺。潮州大锣鼓于2009年入选潮州市非物质文化遗产名录。它以打击乐为主，是以大鼓为中心，以唢呐为领奏的大型合奏形式。鼓手既是乐队主奏，又是乐队指挥。鼓手槌击鼓心、鼓边、鼓沿，采取响击、闷击、重击、轻击以及节奏变化，手槌加花等手法，指挥着乐队的演奏。潮州大锣鼓的演奏分为长行套和牌子套两种。长行套常见于喜庆和节日游行，演奏一些长行鼓点："二板锣鼓""三板锣鼓"。乐队行列如长龙出海，气势恢宏，蔚为壮观。牌子套则由许多不同宫音系统的牌子曲连缀而成。成套曲目以表现历史故事为主，结构紧凑，疏密相间，技法全面，风格独特，规范性强，地域风格浓郁。

成子学

成子学，字怀远，号井居，生卒年待考，明海阳县隆津都龙湖（今潮州市潮安区龙湖镇）人。嘉靖十六年（1537）考中举人，至嘉靖二十三年（1544）考中进士，初任江西峡江县令，政绩卓著。后被提升为两淮监察御史，官至苑马寺卿。他任峡江县令时，在地方上留下许多感人事迹。峡江县原有很多苛捐杂税，成子学到任后进行大规模的裁减革除；县中有很多无主荒田而仍须纳税的不合理现象，乡里小吏互相勾结，从中作弊，影响极坏。成子学便请求上司均摊所有税收，而不偏袒任何一方。

青年时期，成子学就师于心学大师王守仁先生，深得其"良知"要旨，并与江西吉水同属阳明先生弟子的学者罗洪先交往密切，常有书信来往，共同探究心学。成子学去世后，地方人士将他奉为乡贤崇祀，并为其建造牌坊称"侍御"坊（原坊在潮州市区太平路中段三家巷口）。

三、天下四聚　岭南名镇

——佛山

（一）名城简介

佛山地处珠江三角洲腹地，西江、北江、绥江三江汇流处的三水思贤窖，是珠江三角洲冲积平原的西边起点，因此有"湾区之源"之称。

新石器时代，佛山先民就以渔耕和制陶开创原始文明。先秦时期，佛山属于百越中的南越之地，秦汉时期主要属南海郡番禺县，隋朝后主要属南海县。至唐宋年间，桑园围等基围建设推动了桑基鱼塘商品农业经济的繁荣发展。民国元年（1912），撤销广州府，南海县署从广州迁到佛山，设立佛山镇。1983年，撤销佛山地区行政公署，成立地级佛山市。

明朝时期，为抵御黄萧养而建设佛山老城，老城划分为24铺。清朝时期，佛山陆续设置了海防分府同知（广州府派出机构，非行政建制）、巡检司等分治机构，佛山老城由24铺发展为28铺。民国30年

石湾明清建筑林家厅

（1941）佛山被列为南海县署直属的"佛山特别区"。佛山老城的城市建设延续原有28铺格局，受河涌环绕影响，城市建设用地无明显扩张。明清时期以制陶业、冶铁业为代表的工商业已高度发达，佛山明朝时已被称为"四大名镇"之一，至清朝被称为"天下四聚"之一，成为继广州之后岭南地区最大的对内贸易中心。

发达的工商业和贸易往来，催生了丰富的市民文化，佛山成为粤剧、醒狮、南派武术等代表性传统广府文化的发源地之一，至今粤剧、陶艺、剪纸、秋色等传统文化依然广为流传，佛山因而有陶艺之乡、武术之乡、粤剧之乡、中国龙舟龙狮文化名城的美誉。作为岭南基塘农业生产、工商业市镇的突出代表，广府文化发源地、兴盛地、传承地，1994年佛山被国务院公布为第三批国家级历史文化名城。

佛山老城是佛山市历史文化名城的核心区域，是佛山历史文化遗产保存最为集中的片区之一，集中反映了明清以来佛山由岭南水乡聚落向工商城市转变的历史变迁与城市发展过程。佛山老城内古建筑群是佛山市内较典型的古代建筑群之一，对研究佛山古代经济发展、民居建筑特点和"聚族而居"的习俗等问题，有重要价值。

佛山老城内包含52处文物保护单位、32处历史建筑，以及品字街历史文化街区、梁园历史文化街区、莲花南历史文化街区、任围历史文化街区、祖庙—东华里历史文化街区、新安街历史文化街区6片历史文化街区。

佛山市有粤剧、剪纸（广东剪纸）、佛山木版年画、狮舞（广东醒狮）等15项国家级非物质文化遗产，48项省级、131项市级非物质文化遗产。其中佛山秋色是佛山市民间传统的大型群众文娱活动；庙会是在寺庙及其附近定期举行的一种民间信仰活动，其中佛山祖庙庙会的历史最久、规模最大，影响也最为深远。

佛山市千百年来工商业的发展形成了经世致用、重开拓、崇创新的深厚文化底蕴，近代以来诞生了以康有为、康广仁等为代表的维新运动改良志士，以谭平山、何香凝等为代表的革命志士，以罗登贤、邓培、梁桂华、陈铁军、陈铁儿等为代表的红色革命英雄，还诞生了李小龙、叶问、黄飞鸿等武道变革先驱。明清时期，佛山老城纺织业兴旺发达，其中任氏家族在清中叶后以经营丝织业而成为巨富，兄弟二人开办的机房商号分别为"任伟号"和"任应号"，发家后遂各自经营庄园宅第。不仅如此，佛山老城东华里还曾经是名门望族、达官贵人聚居之地。

讲古论今

佛山桑园围

佛山桑园围是广东省第一个世界灌溉工程遗产。桑园围始建于北宋徽宗年间，地跨南海、顺德两区，是由北江、西江大堤合围而成的区域性水利工程，因种植大片桑树而得名，是中国古代最大的基围水利工程。为了防治洪水灾害，北宋徽宗年间广南路宪张朝栋牵头治理，在西樵山下沿西江、北江两侧筑起两道高为1—2米的防洪土堤。到了明代，九江堡人陈博民率众堵塞甘竹滩倒流港，并与西江、北江的防洪土堤连接，桑园围由此合围。直至17世纪时，桑园围形成围堤、河涌水系、窦闸工程体系完备，防洪、挡潮、灌溉、水运等功能齐全的基围灌排工程体系。

田园乐章（九江镇文化发展中心提供照片，梁兆林摄）

（二）祖庙—东华里历史文化街区

祖庙—东华里历史文化街区位于佛山市禅城区，东至新六村正街，南至兆祥路，西至祖庙路，北至人民路和燎原路。保护范围面积26.31公顷。

明代正统十四年（1449），佛山实行铺区制度，明末有24铺，清前期增加到25铺，乾隆年间增加到27铺，清末增至28铺，而东华里一直属于中部的黄伞铺。新中国成立后佛山设市，原佛山镇28铺改组成为普君、祖庙、永安、升平四个区，东华里被划入普君区福贤居委会，在"文革"期间一度改为东方三街，如今在东华里的民居建筑上仍能见到当时留下的门牌。

清初东华里已初具烟火气，最早聚居在此的是杨姓和伍姓两大宗族，故东华里原称"伍杨街"。其后两族相继衰落，房产逐渐转卖于他姓，清乾隆年间更名为"东华里"。此后至嘉庆、道光年间骆氏家族、清末华侨招雨田家族、军机大臣戴鸿慈之弟戴鸿惠都对其加以修葺。新中国成立后，东华里的私房部分仍为骆秉章及伍、陆、郭姓后人居住，招氏外迁，其余私房由国家管理。如今的东华里全长146.4米，分为两

祖庙—东华里街区整体风貌

东华里青砖建筑

段，主街与副街之间有一门楼，上刻"东华里"字样。

　　东华里街区的历史沉淀离不开祖庙，佛山祖庙见证且记载了佛山从发源到近代城市发展的生长轨迹。祖庙始建于北宋元丰年间，明洪武五年（1372）重修，至清代初年逐渐成为一座体系完整、结构严谨的庙宇建筑。祖庙的正殿里陈设着许多珍贵的艺术品，如兵器、铁器、石刻、金木雕建筑构件，以及铁铸瑞兽、铁炮等。这些陈列品集中反映了明清时期禅城高超的工艺技术，因此，祖庙被誉为"东方民间艺术之宫"。

　　祖庙—东华里历史文化街区形成于清朝年间，一直是佛山市的繁华商业中心和文化中心，东华里曾是佛山名门望族、达官贵人聚居之地，街区内保留有清代时期风格各异的建筑，对研究珠江三角洲建筑史及居住习俗具有重要的价值。

　　1989年，佛山市人民政府公布东华里为市级文物保护单位；1990年竖立文物保护单位保护标志牌，划定保护范围，建立记录档案，开始公开开放接待。1996年佛山祖庙成为第四批全国重点文物保护单位。2001年，国务院公布东华里古建筑群为第五批全国重点文物保护单位。2020年，祖庙—东华里街区成为第一批广东省历史文化街区。

东华里首闸门楼尚存道光二十三年（1843）的石刻街额，街之前段为互相毗连的屋宇，其中尚存"伍氏宗祠""招氏宗祠"建筑物；街后段两旁各有小巷4条，巷内为宅第后三进的住宅，排列整齐，俨然清代旧貌，街巷宽阔通畅，花岗岩石铺砌的路面洁净平整。自清代起，东华里便是佛山富贵名流的汇聚区，街区内古朴的青砖建筑，精美的雕刻，规则的小巷，浓郁的生活气息，使之成为具有特色的居住生活区。

祖庙—东华里历史文化街区内现有2处全国重点文物保护单位、1处广东省文物保护单位、20处佛山市文物保护单位、6处不可移动文物，以及大批传统风貌民居建筑。东华里清代以来都是官家富户所居，室外门房高大，石砌台阶，门墙多为水磨青砖结砌；室内的厅堂装饰多有木雕屏风、花架及隔扇等高档设置。三间两廊式的平面布局彰显岭南民居特色的平面布局，锅耳顶式的封火山墙体现了岭南天人合一的防患意识。除了清末传统建筑，街区内还保存着大量的侨乡建筑。窗（门）楣、山花、西洋折中主义柱子、龙船脊、镬耳山墙、趟栊门、满洲窗等富有岭南特色的装饰及建筑构件，个别民居装饰构件中带有的西洋风格痕迹，是这一时期建筑思潮中的典型代表；磨砖对缝青砖、水刷石、灰塑等材料和技术集中反映了清末岭南地区建筑匠人精湛的技术与多姿多彩的工艺美术。

祖庙—东华里街区的佛山祖庙庙会和广东醒狮是国家级和广东省非物质文化遗产，而佛山祖庙北帝诞、祖庙春秋谕祭则入选了佛山市非物质文化遗产。

佛山祖庙的兴建源于北帝崇拜。清代以前佛山祖庙是"诸庙之首"，是佛山集神权、政权于一体的庙宇。佛山祖庙祭祀的主要活动很多，其中三月初三北帝诞是一年祭祀活动中最隆重的仪式。

在佛山，庙会作为地方上最大的综合性祭祀和娱乐活动，"举镇数十万人，竞为醮会"，庙会的主要活动包括设醮肃拜、北帝巡游、演戏酬神和烧大爆等，其中北帝巡游是最隆重的祀典，时间为一天一夜。烧大爆活动在每年农历三月初四举行。庙会的民俗活动丰富，北帝诞音

祖庙万福台上做大戏（佛山市非物质文化遗产保护中心提供照片）

乐中的八音锣鼓、木鱼、南音等民间音乐，北帝诞中的粤剧、曲艺、武术、杂技、粤味小吃文化等，都有永不磨灭的艺术魅力，具有较高的艺术价值。

讲古论今

黄少强与止庐画塾

　　黄少强于1901年生于南海县官窑镇小江乡一户书香世家。年少的黄少强笃爱绘事。他师从留美画家刘博文，学习西洋画技法，又受高剑父知遇之恩，成为"二高"的共同弟子。在中西艺术文化交融下，黄少强以运用写实主义的线条勾勒笔法创作人物画而著称，他的绘画初衷，乃借纸笔"点染生涯，谱家国之悲愁"。

　　太平洋战争爆发后，黄少强偕眷流亡香港。1941年末，他折返内地，栖身佛山，已囊空如洗。他拒绝加入敌占区的"华南美术"这一日伪组织，在东华里七号设"止庐画塾"以教授学生糊口，并先后培养了众多美术家，止庐画塾也因此成为一批艺术画匠的摇篮。尽管黄少强因病离世，在止庐画塾的时光很短暂，但这里却见证了他的爱国主义精神和一身风骨。

（三）霍氏大宗祠历史文化街区

霍氏大宗祠历史文化街区位于佛山市禅城区澜石镇石头村，东至规划路，南至澜石二马路，西至华远东路，北至明西路。保护范围面积8.77公顷。

汉末，佛山村形成，最初是"鸡、田、布、老"四姓在此定居，继后是"冼、梁、陈、李、霍、黄、区"等姓相继落籍。各姓择地建村，聚族而居，定村名为栅下、东头、石角、山紫、上村、下村等，地名一直沿用至今。隋开皇时，各小村并为大村，总名为"季华乡"。

霍氏大宗祠历史文化街区主要以霍氏为主，其历史源于山西，可追溯到公元前11世纪，宋代入粤的始迁祖先进入粤北南雄珠玑巷，后再南下南海各乡村。其子孙在广东扎下根基，历经数百年，所有入粤霍姓都逐渐繁衍成为当地旺族。由于佛山历来所遭受的战乱少，霍姓人有了长期安定发展的机会，到了明代中后期，霍姓在南海一带人口急剧发展，经济不断繁荣，大兴土木，建庙宇祠堂，曾建有大小宗祠50座。尽管历经数百年的战火洗劫和沧桑变化，霍氏宗祠始终如一。

霍氏大宗祠历史文化街区离不开霍氏大宗祠。霍氏大宗祠由迁往佛山的霍氏族人建造，始建于明嘉靖四年（1525）。明朝礼部尚书霍韬积

霍氏大宗祠街区鸟瞰图

霍氏大宗祠

极推动并废除了封建王朝对人们建祠及追祭世代的限制，从而助推明代后期到清朝各地方的宗祠建设，使祠堂文化遍地开花。2008年，4座祠堂以"霍氏大宗祠建筑群"的名义被评为省级文物保护单位。

霍氏大宗祠历史文化街区核心区域整体地保留了清代末年和民国建筑风格与街区格局，建筑主体保存较为完整，蕴含着丰富的传统文化遗产。虽然近年由于社会经济的发展，街区周围及内部建有部分现代商业及住宅建筑，但街区整体地保留了清代末年和民国建筑风格与街区格局。

霍氏大宗祠历史文化街区的中部为霍氏大宗祠。宗祠总面积2484平方米，为第五批广东省文物保护单位。霍氏大宗祠建筑群属明代以前的宗祠建筑，该祠为佛山市现存规模最大、保存最完好和装修较讲究的祠堂建筑群，具有较高的历史和艺术价值。主体建筑分为头门、前殿和正殿三进格局，院落呈四合院式。前殿天井建有四柱冲天式石牌坊。青砖瓦檐、乌木房梁，雕刻着花卉、动物、人像图案，造工考究，精巧细腻。

南部古村落的现有建筑主体为清末和民国建筑。区内的重要建筑物、区内原有的城市建筑空间格局及周边环境基本上完好。街区内现存历史建筑和传统风貌建筑面积14 059平方米，房屋267间，约占街区总

街区建筑风貌

建筑面积的90%。街区内各个不同历史时期建造和修缮的痕迹也比较清晰地沉积下来，集中反映了岭南地区建筑匠人精湛的技术与多姿多彩的工艺美术。

讲古论今

霍氏族人的故事

明洪武之初，霍氏二世祖椿林公"业焙鸭蛋，得利什百，遂起家，人称曰'霍鸭氏'"。石头书院是霍氏族人读书的场所。六世孙霍韬为礼部尚书，是明代南海县的"三老阁"之一。嘉靖四年（1525），他创建石头霍氏大宗祠。他学博才高，被称为渭崖先生，还倡导建立祠堂、撰写家训，重新确立了始迁祖，加强了族内的团结，也壮大了霍氏的经济实力，对于霍氏家族持续发展厥功至伟。

清顺治四年（1647），清兵攻入广州，霍氏后世子孙霍子衡坚守不降，挥笔书"忠孝节烈之家"六字悬于中堂，与家人相继投井自尽，史称"一家十口满门忠烈"。后来，清顺治皇帝感其忠烈，赠牌匾"忠孝节烈之家"。霍氏族人忠君爱国的精神在抗战时期也有体现，霍氏巨贾霍芝庭曾置办军火，有力支援石头村村民抗击日军。

（四）南风古灶历史文化街区

南风古灶历史文化街区位于佛山市禅城区，东至江湾三路、和平路，南至高庙路和忠信路，西至凤凰路，北至季华路和宝塔路。保护范围面积39.93公顷。

南风古灶街区以五千年的制陶历史而闻名世界，集旅游、观光、生产、习艺、研讨、购物于一体。景区内有全国重点保护文物、被称为"陶瓷活化石"的南风灶和高灶，五百年来窑火不绝、生产未断；街区内还有林家厅及明清古建筑群等省级文物保护单位，以及古灶神榕、马槽瀑布、大缸瀑布及古瓦瀑布等景点。

山西霍州有霍州窑，是历史上的名窑，和陕西耀州窑、河北磁州窑、河南宾州窑等齐名。霍氏是霍州窑的主要传承家族，把山西霍州窑制陶技术带到石湾，带头起了石湾第一个陶师庙。到第十代，霍以善起了南风古灶。

南风古灶始建于明代正德年间，保存完好，燃烧着陶瓷产业的圣火，是元代龙窑改革的定型产物，也是世界上持续使用至今最古老、保存最完好的龙窑，被载入"大世界基尼斯之最"，对研究中国的陶瓷

南风古灶航拍图

生产技术的发展具有重要的价值，被称为"活的文物""移不动的国宝"，是石湾陶艺的灵魂、中国陶文化的标志、世界陶瓷生产技术进步的里程碑。

南风古灶历史文化街区位于禅城区石湾街道，是佛山城市形成之初的制造业中心。南风古灶街区传统建筑分布相对集中，整体历史格局较完整。传统建筑风貌保存较好，不少建筑仍保留有精美的雕花装饰。整个街区围绕古灶，形成一核两片的传统格局。一核即以南风古灶及林家厅为主的陶塑文化创意产业核心，两片即东西两片传统居住片区。

街区内共有文物保护单位3处，其中南风古灶、高灶陶窑是全国重点文物保护单位，林家厅及古民居群是广东省文物保护单位，高庙是佛山市文物保护单位。街区内现存历史建筑和传统风貌建筑面积7800平方米，房屋约80间。此外，南风古灶历史文化街区内传统街巷均形成于清末民初，拥有保存较为完整的、景观连续的历史街巷多条，且与外部城市道路相互连通，街区内传统风貌保存较为完整的街巷有忠信巷、进士巷、十字巷、社头坊、红卫巷。

南风古灶

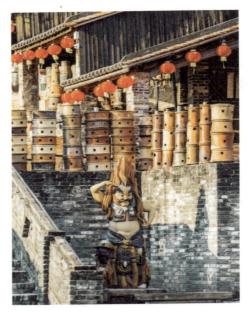

南风古灶陶文化

南风古灶历史文化街区内包括石湾陶塑技艺、粤剧等国家级非物质文化遗产，还有石湾龙窑技艺、佛山春节习俗、粤曲星腔等广东省非物质文化遗产。

讲古论今

古灶地位

南风古灶是我国最具南方特色、年代最久远、保存最完好并延续使用至今的唯一柴烧古龙窑，位于现石湾街道日用陶瓷三厂西南角镇岗上。窑体依山势向南伸展，灶的炉口正向南方，总长为34.4米，窑面有火眼29排，有4个用于产品出入的灶口，窑内温度最高达1300摄氏度。五百年来窑火不绝，至今仍是三日一窑，而且坚持着亘古不变的手工艺操作。窑中时有宝物烧出，相传曾烧出过一套完美无瑕的"八仙"瓷器。

佛山陶瓷基地形成于唐宋，至明清最为发达。在最鼎盛的清代，共有窑灶107条，当时石湾的陶器遍及两广并流传海外，享有"石湾瓦，甲天下"的盛誉。如今，石湾保存的龙窑仅有3条，南风古灶是其中最古老的一条龙窑，成为"石湾窑"形成发展的历史见证。该窑对研究明清时期制陶业的专业化生产、龙窑形制结构以及煅烧技术的演变等一系列问题，有十分重要的价值。

石湾陶塑技艺

石湾陶塑技艺是广东佛山市民间传统制陶技艺，其历史悠久，是在日用陶器的基础上发展起来的，其发展大致可分为4个时期，唐至明以前为形成发展期，明清时期为鼎盛期，民国时期为低谷期，中华人民共和国成立后尤其是改革开放后为全盛创新期。当代石湾陶塑名家中，以刘佳、庄家、刘泽棉、廖雄标等为代表。

石湾陶塑技艺具有人文性、地方性、民族性的特点，在创作上具有独特的艺术风格。"石湾公仔"陶塑技艺按实物形态可分为人物陶塑、动物陶塑、器皿、微塑、瓦脊陶塑五大类。以人物造型为代表的"石湾公仔"陶塑技艺形神兼备，它吸收各种文化艺术精华，高度写实和适度夸张相结合，兼有生活趣味和艺术品位，形成了鲜明的地方风格。其制作工艺有构思创作、泥料炼制、成形、装饰、上釉、龙窑煅烧6个环节，其中煅烧的火候全凭师傅的心得体会。龙窑的上、中、下有高、中、低三种火，分别用于移动烧制物品的不同部位，技艺娴熟的工匠才能把握。

（五）顺德区大良旧城历史文化街区

　　顺德区大良旧城历史文化街区位于珠江西岸，顺德中部偏东，连接广州市南沙区，为顺德区政府所在地，是顺德的政治、文化、教育、商贸中心。街区北起锦岩路、甲子路交界，南达高坎路，西至甲子路—金龙路—鉴海北路一线，东边以锦岩路—蓬莱路—文秀路—县东路—环城路—南兴路—清晖路—塘边路—高坎路为界。保护范围面积133.46公顷。

　　大良旧城所处地域，春秋战国时为百越地，秦代起属南海郡番禺县，隋代起属番禺县分出的南海县，五代南汉时属南海县分出的咸宁县，宋初重新并入南海县，元代及明初沿袭宋制。大良旧城所处地域在宋代时已成村落，之后不断发展扩张，至明景泰三年（1452）顺德县在今大良旧城核心区域设县城。相传大良原称"太艮"，后因书写过程中"太"字之点加于"艮"而易名大良。明初《永乐大典》记载，此地在元代时已称大良。

碧江金楼群

　　顺德设县之初，作为县城所在地的大良堡地内外有丰富的水系，由咸丰年间《顺德县志》中所载的大良堡图可以看到，堡地西侧有一座延绵的凤山，凤山以东另有五山散若五星，大致可连成一线。大良县城城址选定于凤山以东，由碧鉴海与桂畔海延伸出的支流在堡地内形成水网系统，为县城提供了发达的水路交通。县城所处地势相对较高，而周边水系环绕，水路交通便捷，山川形势俱佳，这体现出古人择定城址的智慧。由南至北的五山形成的与凤山走向相呼应的轴线成为大良城市发展的重要骨架，不仅大良县城最初的选址充分考虑了山体与水系对城市格局的影响，后续的城市发展也与山体与水系有着密切的联系，这也在一定程度上反映了传统城市布局与发展经典理论的应用。

　　大良旧城历史文化街区内的主要街巷在明清大良县城街巷结构的基础上，向南、向北结合原有水系发展出主要道路骨架，同时连续贯通的水巷与街道相互补充，丰富了大良县城内外的交通联系。大良旧城现有的主要街巷延续了民国时期大良县城及周边建成区的街巷结构。

　　大良旧城历史文化街区内现有不可移动文物及线索13处，包括1处全国重点文物保护单位，1处省级文物保护单位，5处市级文物保护单位，2处一般不可移动文物及4处文物线索。该历史文化街区内现无已公布的历史建筑。

　　在城市整体层面，传统建筑中不同功能属性的重要单体建筑和建筑群在大良县城及周边的分布情况关系到城市发展布局与社会组织情况，及传统建筑历史文化价值等要素，是传统建筑风貌特征的重要表现。就建筑单体而言，传统建筑的历史文化价值包含传统建筑形制及形式、传统营建方式及技艺、传统建筑材料及传统建筑构件的使用等诸多信息。

　　在传统建筑的建筑特征方面，大良旧城常见的传统建筑为三间两廊的传统民居，以及在这一基本原型基础上衍生出的不同平面布局的建筑，包括单路与多路、单进与多进及多种组合方式。建筑外观上的重要特征为双坡屋顶的建筑形式，山墙以硬山为主，有人字山墙与镬耳山墙两种主要形式。

大良拥有较为丰富的非物质文化遗产资源。国家级非物质文化遗产香云纱染整技艺和广东省级非物质文化遗产粤绣在大良有进行展示与销售的物质载体；佛山市公布的第一批市级非遗代表作名录中，该街区范围内分布有三字经、粤剧、刺绣等三项。

大良旧城历史上出现过多位文人雅士，如明代画坛奇人李子长、清代画家梁石痴、诗书画全能的黄丹书等。大良城南、城北因南市与北市而兴旺的龙氏与罗氏两大家族也在大良的历史上扮演着重要角色，据民国《顺德县志》记载，历史上出身大良的文武士官共有80人，其中龙氏29人，罗氏22人。全国重点文物保护单位清晖园也与龙氏家族关系密切，明万历年间状元黄士俊始建的黄氏花园正是被龙应时购进，并经几代人经营而建成具有岭南庭园特色的清晖园。此外，大良还是山西按察使黄经、浙江布政使黄乐之以及现代粤剧艺术家白驹荣等名人的故乡。

讲古论今

香云纱

香云纱染整技艺是采用植物染料薯莨为丝绸染色的一种工艺。香云纱是世界纺织品中唯一用纯植物染料染色的丝绸面料，被纺织界誉为"软黄金"。香云纱染整技艺始于唐代，到了明永乐年间，广东莨纱已经出口到国外，清末民初生产的莨纱更是受到国内外市场的欢迎，进入鼎盛时期。

香云纱绸面富有光泽，其色泽经日晒、水洗牢度较好，织物防水性强且容易散发水分，宜制各种夏季便服、旗袍，穿着凉快滑爽，耐穿易洗。香云纱在14道工序的染色过程中，只采用天然植物薯莨的汁液和含有高价铁离子的河涌泥，不含任何化学助染剂，也不产生污染环境的有害废料。

四、世界客都 人才辈出
——梅州

（一）名城简介

梅州地处闽粤赣三省交界——"据五岭、频南海"，处于梅江与程江汇合处的冲积平原上，是百越文化与中原文化的交汇之地，是中国客家文化中心，有"世界客都"之称。

先民在新石器时代就在梅州地域上创造了发达的古文明，春秋为七闽地，战国属越，秦属南海郡，南朝齐始置程乡县，南汉乾和三年（945）置敬州，后北宋开宝四年（971）改敬州为梅州，于清雍正十一年（1733）升格为直隶嘉应州。新中国成立后，设专区管制，先后称兴梅专区、梅县专区、梅县地区，至1988年梅县地区改为梅州市。

梅州古城始筑于宋朝，为抵御侬智高而进行加筑增建，宋元两代皆为梅州治所。明清期间城墙数次遭受自然灾害而毁坏，经不断修缮拓展，城墙不断完善，城地逐渐扩大。及至清末民初，梅州城的建设范围向东、西拓展，近城形成街市，按街市设堡，形成了梅州古城"一城两街"的格局。自两宋始，随着北方战乱的加剧，中原汉民大举南迁，梅

梅州古城

梅州一景

州逐渐成为客家人汇聚中心与汉越文化交流腹地，相对成熟且极具稳定性的客家民系诞生于此，进而衍生出灿烂而独具魅力的客家文化。梅州保留着最为完整的客家民俗与民间艺术，如客家山歌、"捡金"葬俗、汉剧、山歌剧等。同时，这里文风鼎盛，崇文重教举世闻名；敢为人先的梅州人民足迹遍及世界五大洲80多个国家和地区，梅州有着"文化之乡""华侨之乡"的美誉。

作为客家文化的重要传承创新地和向外传播的核心区，梅州俨然逐渐成为一座集大成的客家历史文化博物馆，1994年1月被国务院公布为第三批国家级历史文化名城。

梅州历史城区由南齐始建置，宋元时期形成古城雏形，城址未有变迁，数百年的历史沉淀，古城历史格局尚存，大量的传统建筑主要是明清时期与民国年间的客家围龙屋建筑，集中展示着客家人传统的生活方式和居住习惯，对研究梅州的城建历史、传统民居建筑及人文风貌等演化变迁有着重要意义。梅州历史城区内共有39处各级文保单位及不可移动文物、23条传统街巷以及1处历史文化街区——凌风东、西路历史文化街区。

其中，东山书院是梅州保存最完整的唯一古书院，于2008年被列为广东省文物保护单位。东山书院是清代梅州最高学府，既有客家传统建筑的特色，又有四合院的风格，也是我国客家地区规格最高的重檐歇山顶式书院建筑，距今已有二百七十余年历史。东山书院承载着梅州崇文重教的优秀文化传统，黄遵宪、丘逢甲、叶剑英、肖向荣等众多梅州的名人志士都于此留下过足迹。东山书院记录着梅州的人文内涵，是"文化梅州"的核心见证。

梅州市现有梅州客家山歌、广东汉剧、梅江区席狮舞、五华提线木偶、丰顺埔寨火龙舞、广东汉乐等6项国家级非物质文化遗产。

梅州客家山歌有数万首歌词流传于民间，内容包括劳动歌、时政歌、仪式歌、礼俗歌、情歌、其他生活歌和儿歌等，涵盖了梅州客家人生活的方方面面。梅州客家山歌是客家文化的重要组成部分，是民间音乐、民间文学的瑰宝。它对于文学艺术、社会学、历史学、语言学、民俗学、宗教学、客家学等方面的研究都具有宝贵的参考价值。

汉剧是我国古老的戏曲剧种之一，广东汉剧原称"外江戏"，其

东山书院

丰顺埔寨火龙舞

广东汉剧表演

艺术风格与湖北汉剧有所不同，为显示区别，1956年定名为"广东汉剧"。广东汉剧传统剧目繁富，行当齐全，表演艺术多姿多彩，音乐唱腔丰富优美，为广大观众所喜闻乐见，曾被周恩来总理赞誉为"南国牡丹"。这一别具特色的地方戏曲剧种是客家文化的重要组成部分，在客家文化及南方戏曲艺术的研究中具有极其重要的参考价值。

梅州地处文化融合前沿地带，复杂的社会环境下形成了崇文重教、不畏艰险、敢为人先的文化精神。走出过"八大先贤"引后世敬仰：才子风流耀古今的宋湘、近代中国走向世界第一人黄遵宪、民族英雄丘逢甲、爱国革新政治家丁日昌、开埠南洋创大业的姚德胜、中国葡萄酒之父张弼士、"亚洲球王"李惠堂、开创客家学研究的罗香林。另外，梅州也是我国伟大的无产阶级革命家、军事家，党和国家卓越的领导人——叶剑英元帅的故乡。优秀的梅州儿女无论是游弋学海、搏击商界、驰骋赛场还是出将入相，都为民族、为国家作出了贡献。

讲古论今

侨 批

梅州老城外的代表性资源——侨批入选世界记忆名录。梅州市位于粤东北，是全国重点侨乡之一，被誉为"世界客都"。自北宋末年起，客家人就"两手空拳闯天下，一条皮带走南洋"，到如今，梅州籍华侨、华人足迹遍布世界80多个国家和地区，有300多万人，仅在东南亚的梅州籍华侨就达200多万人。

因战乱、政治原因或生活原因，梅州人被"卖猪仔"出洋，被"水客"引带出洋。"水客"也是华侨，是奔走于梅州和世界各地之间，为梅州人带款捐物，甚至携带梅州人出洋的人，历来受到海外华侨、华人的信赖。"水客"把众多的海外华侨、华人的资金、物资、侨批等带回祖国，由此成为海外华侨与梅州乡民联系的桥梁和纽带。据查，梅州市"水客"从业人员最多时达700余人。

侨批俗称番批、银信，专指海外华侨通过海内外民间机构汇寄至国内的汇款暨家书，是一种信、汇款合一的特殊邮传载体。侨批记载了老一辈海外侨胞艰难的创业史和浓厚的家国情怀，也是中华民族讲信誉、守承诺的重要体现。海外华侨通过民间渠道将连带家书或简单附言的汇款凭证寄回国内，这些侨批成为研究近代华侨史的珍贵档案。

侨批保留着中华民族数千年的优良传统，以独特的形式与风格记录、见证了华侨推动中国乡村社会、文化发生重大转变。侨批档案作为中国国际移民的集体记忆文献，其构成丰富多样，以文献和实物的形式补充了记忆遗产的完整性和真实性，全面记录和展示了华侨在侨居国的生活画卷，反映了国际移民的趋势和行为特征，是正在消失的人类记忆载体，具有不可替代的世界意义。

（二）凌风东、西路历史文化街区

凌风东、西路历史文化街区位于梅州市梅江区金山街道凌风东路及凌风西路，北至仲元路，南至剑泰路，西至中山路，东至梅江桥。主街区南北宽34—67米不等，由东至西长约931米。保护范围面积约14公顷。街区常住人口约12000人。

凌风东、西路为梅州古城其中一条东西向的横路，于中华民国21年（1932）修建。时任梅县县长的彭精一，见梅县城区街道极为狭窄，不能通汽车，逢年过节，街头熙来攘往，非常拥挤，行人殊感困难，认为四周旧有城墙已成为城市交通和建设的一大障碍，乃与地方人士组织"城区市政委员会"，拆城基，建筑店宇，扩阔街道，建两旁骑楼和行人道。凌风东路、凌风西路两条街自此成为商业街区。

凌风东、西路街区因旧时新南门一带的"凌风楼"得名，建筑多为中西混合式的骑楼式商业建筑。凌风东、西路街区作为梅州的一张"活"名片，历史悠久，人文积淀厚重，文物古迹、传统文化等较集中，生动反映了梅州客家人具有传奇色彩的迁徙历史和传统文化内涵，是梅州市重点保护的历史文化街区和老城风貌区。凌风东、西路街区邻水南城门接近梅江和江岸码头建筑，气候宜人，近江水运、商品贸易

凌风路建筑西式窗檐

凌风路建筑西式屋顶

梅州骑楼街

发达，是旧时梅州商贸流通最重要的集散地和居住人口最密集的区域之一。

　　凌风东、西路街区从始至今均为古城商业区主街道，商业最为兴旺。街区内多为中西混合式骑楼建筑，反映了民国时期梅城民族工商业逐步兴起的过程及中西文化交流的情况。另外，众多的中西混合客家民居，也反映了客家人的迁徙历史和传统文化内涵，是研究20世纪初梅州城市发展情况难得的实物资料，为研究民国至今城市发展、商业发展情况提供了难得的实物史料，有较高的历史、文化、艺术和研究价值。2000年8月4日，凌风东、西路骑楼式传统商业街建筑群被梅州市人民政府公布为梅州市文物保护单位。2021年3月12日，广东省人民政府公布了37处第二批广东省历史文化街区，梅州市梅江区凌风东、西路历史文化街区入选，成为梅州市首个入选的历史文化街区。

　　凌风东、西路历史文化街区仍较完整地保持着传统骑楼式商业街建筑格局，街道两侧连排的骑楼式商铺有数百间，次街道、巷道纵横交错地分布在两边商铺间。建筑两侧小街虽空间不大，但建筑尺度合宜，交通不显拥塞。街区内的商铺、作坊、食肆、仓房、廊棚等建筑风格统一，建筑形态有楼有院，组合灵活，建筑形式保守与前卫并存。凌风东、西路街区骑楼式商业街建筑与其他骑楼商业建筑类型总体上相近，主要为"前门商店、后堂作坊、楼上寝室"的组合方式，内街的空间布局紧凑。建筑物以两层和三层居多，间或有个别建筑的局部建为四层，建筑物的层高通常较低。

凌风东、西路历史文化街区现有3处县级以上文物保护单位及大批传统风貌建筑。街区一直以来都是古城重要的商业街道，中西合璧的商铺，既有区域化的传统建筑工艺，也有西式建筑符号、装饰元素和建筑工艺，形成了明显的地域特征与时代特征，反映了传统工商业的活跃及中西文化的交流发展，传统建筑形态中逐渐渗入西方建筑文化。街区建筑用生土材料与钢筋混凝土有机地配合，三合土墙体或夯土砖与钢混框架结合保持建筑的整体强度。采用传统的材料和地方化工艺。淡黄色墙体、西式风格的圆形柱式、拱券窗形（少量为三角形）、红黄蓝色玻璃装饰的窗扇、波浪式窗檐，以及檐口、线脚、壁拱（建于骑楼顶部）和纹饰可以感受到西方建筑工艺。

凌风东、西路历史文化街区有百家姓灯笼编织工艺、味窖粄、拜"孔圣人"、对山歌等区级非物质文化遗产。

百家姓灯笼编织工艺是梅州城区传统民间手工技艺。客家地区红红的灯笼一般从入年关起挂至新年元宵。遇到红白好事，也要挂灯笼。编织灯笼分四个步骤：破篾和拗篾、编织、裱糊、彩绘。该工艺已列入梅江区第一批非物质文化遗产保护名录，代表性传承人有张应新、张炎祥等。

味窖粄是梅州客家人传统小食，民间习惯丰收之后，用新米磨味窖粄慰劳全家，有庆丰收的意思。味窖粄制作简便，吃法多样，深受客家民众喜爱。抗日战争时期客家童谣有谓："抗战到底，磨味窖粄；抗战

百家姓灯笼编织工艺

胜利，秃丸蘸白味。"

拜"孔圣人"是梅州城区及周边地区民众的传统信仰。梅州人有着传统执拗的崇文重教观念。历代都十分重视文化知识灌输，而孔圣人是学识最渊博的人，也是梅州市人最敬拜的"神"，因而学童识字前必须先到梅州学官拜孔圣人，以求开智开慧、聪明好学、学有所成。

对山歌是梅州客家山歌的一种表现形式，是梅州客家传统的民间娱乐活动，主要特点是随口而成、即兴而歌。对山歌已经成为梅州人日常休闲必不可少的娱乐活动，在梅江岸、八角亭及对面的公园草地，假日或晚间均可见山歌爱好者对歌。

凌风东、西路街区拥有多家老字号店铺，其中南门屐店位于凌风西路39号南门。木屐为客家人最常穿的木鞋。木屐前部钉上屐皮，屐皮可用帆布、胶皮、棕等。木屐式样以颜色分，有白坯屐、漆屐、油彩屐；以形款分，有船头屐、牛皮屐、棕屐、高脚屐、低脚屐。南门屐店被老梅城人认为是最"老牌"的木屐店，经营者姓张，工艺代表人是张氏后裔。

吕伯超粽子店位于江北泰康路32号。吕伯超粽子店有上百年历史，在梅城有"粽王"之称。豆沙粽、莲蓉粽、叉烧粽、香菇粽等,真材实料,火工到位。每年端午节,吕伯超粽子店的门口就围满了买粽子的人们,整条路被挤得水泄不通。工艺代表人是吕伯超父子。

讲古论今

黄遵宪与南门考院前黄氏祖祠

南门考院前黄氏祖祠坐落于梅江区金山街道南门考院前13号,始建于清乾隆十二年(1747),乾隆十五年(1750)建成,为当时嘉应州黄氏祖祠。黄氏祖祠坐北向南,为三堂一横布局。历代有修葺。建祠270多年,人才辈出,广布海内外,如黄遵宪、黄甘英、黄基、黄琪翔、黄百韬等众多进士、举人、将军、院士、大学校长等。该祠历史悠久,是梅城江北老城区保存较完整的宗祠之一,对推动港澳台与内地的民间文化交流、研究地方宗祠文化具有重要意义。

黄遵宪是我国近代卓越的政治活动家、外交家、改革家、启蒙思想

黄氏祖祠

黄遵宪故居

家、爱国诗人、教育家。1848年生于梅城，1876年中举，同年随驻日大臣何如璋出访日本，任参赞官，从此步入政坛。后来又任长达13年的驻美参赞、公使，驻旧金山、新加坡总领事等外交职务，尽力保护华侨利益，反对清政府对华侨的歧视政策。

他游历了许多国家，深受法国启蒙思想的影响，是倡导变法的重要人物。他于1887年写成的《日本国志》40卷，被人称为"几百年来罕见的好书"，他在书中将日本明治维新的经验首先介绍进来，为我国的维新运动作了思想准备。1896年8月，他在上海出资参与创办以变法图存为宗旨的《时务报》。翌年代理湖南按察使时，协助湖南巡抚陈宝箴推行新政，与维新人士谭嗣同等在长沙主办时务学堂，聘请梁启超为总教司，宣传维新思想，培养革新人才。

维新变法失败被贬归故里后，黄遵宪为创办新学殚精竭虑。辟人境庐为课堂，亲自讲授掌故、史学、经学、格致、生理卫生等五门学科，开设数学、物理和生理卫生等新课程，致力于培养有"实在本领"，能"爱国、合群、自治"的新人才。他创立嘉应兴学会议所，发表《敬告同乡诸君子》书，邀集嘉应各县有志兴学之士，广泛协商在乡里开办新学，兴学育人。自献资金，于东山书院设立"东山初级师范学堂"，即今东山中学的前身。各县有识之士纷纷响应号召，在极短的时间内相继办起了规模不等的城乡新学堂。

他是诗界革命的倡导者，在我国同代诗人中成就最高，被同行称为"诗界之哥伦布"、一代"霸才"。他主张"我手写我口，古岂能拘牵"，大胆吸取客家山歌之长，用俗语新词入旧诗，给古典诗词带来了新的生命。他的诗反映了中国近代史上许多重大的历史事件，表现出强烈的爱国精神，有"诗史"之称。在他的诗著《人境庐诗草》中，可以看到《哭威海》《哀旅顺》等名诗。2003年温家宝总理在香港引用其诗《赠梁任父同年》中的"寸寸河山寸寸金"，以鼓励港人团结爱国。1905年，黄遵宪在家中病逝。

八角亭

八角亭是梅县第一个中共支部成立旧址，坐落于梅州市梅江区金山街道凌风路南门。八角亭始建于清乾隆十一年（1746），地处旧时号称龟城的嘉应州的头、眼位置。因亭址在昔日梅江河与程江河交汇的口岸上，故称"观澜亭"，又因州以上官员莅临嘉应州时，多由水路登岸，地方官员在此迎候，故又名"接官亭"。道光二十九年（1849）重修，1983年重建。亭坐东北向西南，三重檐、八角攒尖顶，绿色琉璃瓦顶，边长4.20米，占地面积约125.44平方米。亭台台基较高，筑6级阶梯；8根圆柱支撑檐部，8根圆柱支撑内空。

1925年冬，广东革命政府东征军第二次抵梅州后，张维和国民革命军十四师政治部主任、共产党员洪建雄于八角亭建立了中共梅县支部。1926年春夏期间，中共梅县支部遵照《中共广东区委关于两校年龄分化问题的决定》，按照年龄，把一部分20岁以下的中共党员转为共青团员，共产主义青年团梅县特别支部于此成立，陈劲军任书记。1929年梅

八角亭

城战役期间，朱德率领红军曾到过八角亭。民国时期，梅县电话局曾设于此。八角亭对研究梅州亭台建筑工艺、中共地方党史、梅州历史变迁等具有重要意义。1980年7月，公布为县级文物保护单位。1983年，八角亭在原址重建，占地面积85平方米，新亭保留了原亭风貌，至今仍巍然屹立于梅江。

五、天南重地　海城风采

——雷州

（一）名城简介

雷州地处雷州半岛腹部，扼南北海陆交通之咽喉，跨浩瀚之南海东望菲律宾，踏北部湾鲸波西及越南，借徐闻南控琼崖，经遂溪、湛江北依泱泱神州大地。天连五岭，海通万国，素称"天南重地"。

历史上，雷州为百越之地，肇始于5000年前新石器时代，先民筚路蓝缕，开启山林。公元前355年，楚子熊恽受命镇粤，至此开石城，建"楚豁楼"，以表其界，雷州半岛最早的古城从此肇启宏基。隋朝分置海康县，唐朝改东合州为雷州；自汉至清代乃郡、县、州、军、路、府之治所。雷州古城在明朝时期曾大规模修建，明洪武七年（1374）在旧城的基础上，展其旧基，加之高大，辟四门，并于四门之上建重楼，四角起角楼。东门曰"镇洋"，西门曰"中和"，南门曰"广运"，北门曰"朝天"。清代时又在四城门外百步处建城防守，其四楼分别是："安东""靖西""镇南""巩北"。1961年，海康县建制恢复。1994年4月，撤销海康县，设立雷州市，由广东省人民政府直辖，委托

建立在台地上的雷州古城

远观雷州古城

湛江市代管。

雷州是我国对外贸易和文化交流的重要口岸，又是岭南土著俚人区域、土著文化、百越文化、中原文化、闽南文化、海外文化等多元文化成分在这里碰撞、融合，形成独具特色的雷州石狗、雷州歌、雷剧、铜鼓等雷州文化，雷州有"中国民间文化艺术之乡""中国文化楹联之乡""中国书法之乡"的美誉。

雷州作为"天南重地"中心城、"海上丝路"海港城、"十贤留声"文教城、"多元信仰"文化城、"楚越遗风"民俗城、"湖山辉映"生态城、"南珠雷葛"工艺城、"贤才辈出"名人城，是文化艺术之乡、广东"四大文化"之一的雷州文化的发源地，雷州城于1994年1月经国务院批准列入第三批国家级历史文化名城，是粤西地区唯一的国家名城。

雷州古城的选址十分考究。古城被矮山环抱，历史上古城四面由英山、擎雷、仕礼、英榜四座矮山环绕。古城东西有特侣塘和罗湖。雷州古城位于山环水合之中，风水绝佳。罗湖今名西湖，位于旧城西门外，面积8万多平方米。西湖经夏江河与横贯雷州半岛的南渡河相连，直通大海。古城东、西部由于水资源丰富、地势平坦，成为农作物大规模种

雷州风貌

植的适宜地区，并逐渐发展成为今天的万亩洋田。古城东部借助台地地势，筑起大堤，成为保护古城免受海洋灾害侵害的重要屏障。

雷州古城的内部格局充分体现了中国古代城市的典型格局，形成以十字形大街为中心的传统城市空间形态，镇中西街、镇中东街、广朝北街和广朝南街组成十字形交通结构，镇中社区、镇北社区形成传统民居区。古城南部的外城部分与周边环境联系紧密。引自特侣塘和罗湖的河流形成了古城的护城河，同时与南渡河相连，使得古城与外界保持了良好的交通联系。

外城街市区包括以南洋风格建筑为代表的曲街、南亭街，以真武堂、伏波庙、三元塔为代表的文物古迹，以及以伏波巷、苏楼巷、下河里、灵山里为代表的历史街巷和清代传统民居区。曲街地段是近现代雷州商业快速发展，经济持续繁荣和东西方文化交融历史的真实写照。历史上该地区是航运码头、仓库、商铺、集市、客栈的集中分布区，是雷州的商业贸易和航运中心。

保护区内有曲街、二桥街、方城十字街3处历史文化街区，面积117公顷；关部天后宫、西湖南湖、城东3处历史风貌区，面积111公顷；历史风貌街23条，总长6900多米；历史建筑31处，总建筑面积14690多平方米；各级文保单位176处，其中有全国重点文物保护单位即建于唐代的雷祖祠和唐氏墓群2处，省级文物保护单位如三元启秀塔、真武堂、医灵堂等12处，有市级文保单位如韶山古戏台、南山石桥、邓氏墓群等

39处；有雷州西湖、天宁禅寺等名胜古迹。

雷州历史悠久，各种文化在此交融发展，形成了形式各样、丰富多彩的文化遗存。有雷州石狗、雷州歌、雷剧3项国家级非物质文化遗产，有雷州音乐、姑娘歌、雷州风筝节、雷州蒲织技艺、雷州乌石蜈蚣舞、雷祖崇拜、沈塘人龙舞、雷州灰塑、雷州市南门高跷龙舞等多项省级非物质文化遗产，有过火海、翻棘床、穿令、流沙珍珠、雷州话等8项市级非物质文化遗产。

雷州历史上名人辈出，在各个时期、不同领域都有大批杰出人士涌现。自唐代至元代，历史名人主要包括政治家、被贬官吏、民间英雄。雷州的首任刺史陈文玉，组织营建雷州城池，为开发雷州半岛，促进经济建设和社会发展作出极大的贡献，被尊为"雷祖"。宋代，一名陈姓女子率领雷州民众将南汉残余势力击败，被老百姓尊称"宁国夫人"；被贬至或被贬途经雷州的官员中的"雷州十贤"——寇准、苏辙、苏轼、秦观、王岩叟、任伯雨、李纲、李光、赵鼎、胡铨，他们或传播知识，普泽教化，或为官一方，造福百姓，或抵御外敌，流芳千古。雷州先民先后修建了雷祖祠、宁国夫人庙、真武堂、寇公祠、十贤祠、苏公亭，以表达对他们的敬仰和纪念。

明代至清代，各个领域名人辈出。既有如黄惟一、周德成、黄本固、李睿、陈瑸、王梦龄、符兆鹏、李韶绎、冯彬、莫天赋等为官一方，造福百姓的政治家，也有如陈昌齐、陈乔森、丁宗洛、蔡宠、李晋熙等潜心研学、刻苦著述的文学大师，同时还有才思敏捷、物有所专的艺术大师黄清雅、陈鹤年，坚忍不拔、造福海外的华侨领袖莫玖，也包括志怀高远、艰苦创业的商业奇才温兆祥。

民国时期开始，雷州涌现出欧济民、程庚、黄杰、黄河、冯克、方茂盛等大批近现代爱国志士和革命领袖，为两广及海南地区的革命胜利立下汗马功劳，同时，还涌现出一大批政治家、史学家、教育家、艺术家、医学家、军事家，为中国近现代建设和雷州地方发展作出了突出贡献。

（二）方城十字街历史文化街区

　　方城十字街历史文化街区位于雷州。核心保护范围为沿广朝街、镇中街、大新街、柳絮巷两侧，传统建筑相对集中的地段。建设控制地带为北至青年运河，西至雷城大道，南至环城南路，东至环城东路（除核心保护范围外）的区域。方城十字街历史文化街区面积68.95公顷，其中核心保护范围面积21.05公顷，建设控制地带面积47.9公顷。

　　雷州自先秦时期开始筑城，宋代扩筑子城、规划外城，至明末古城基本格局形成。这一时期的城市是中国传统古城的典型格局：环筑城墙，外有护城河。东西南北开四门，城内道路呈棋盘形状布局，南北通街长二里，称迎秀街，东西一里，称东西街，此外还有大新街、朝天街、双土地、柳絮巷等。官府划定集市地区为嘉岭、大新街、一桥、二桥等。城区划分为迎恩坊、解元坊等21个坊，所有街道都是青石路面。到了清朝，雷州人受南洋文化的影响，回乡后模仿南洋风格建筑，沿街建筑均为土木结构两层楼，前店后宅，骑楼式走廊极具欧亚混交的南洋风格。

方城十字街街景

明洪武年间，张秉彝"大筑雷城"，城外环筑女墙，开四门。城内街道纵横交错，官署、学宫书院、寺庙、客栈、店肆、屋宇棋布有序，格局分明，以十字街为核心路网的古城格局基本形成。方城十字街历史文化街区是传统古城格局迅速发展的见证，它的繁荣和城市地位的提高推动了城市建设的快速发展，也促进了雷州古城基本格局的形成，这一古城格局深刻影响着雷州历代城市形态的发展并且一直延续至今。

方城十字街历史文化街区体现了宋元古城的内城十字形路网的典型格局，街区内保存着传统民居历史街坊和南洋风格骑楼街市，对研究雷州古城城史文化具有重要的价值。2021年3月12日，方城十字街历史文化街区经广东省政府批准，成为第二批广东省历史文化街区。

方城十字街历史文化街区主要是以广朝南北街和镇中东西街两条主要街道组成，该街因商港贸易形成"城外延厢"格局，十字大街在外城主街与曲街相交，曲街贯穿外城后在南亭街处转折并与二桥街相连，构成了连贯完整的骑楼商业空间。次街小巷便是典型的雷州民居院落，以商贸和居住功能为主。

在这些民居街坊，内部一般都较好地保持着传统院落式民居建筑。街区内遍布历史文物古迹、历史建筑和历史环境要素，文物古迹的种类非常丰富，有祠堂庙宇、会馆书院、民居宅第、街道港埠、古塔古井等，除了明清时期传统建筑，街区内还保存了大量的侨乡建筑，传统风貌建筑风格与折中主义色彩的华侨风格建筑并存。这些多样化的史迹遗存是雷州古城历史文化价值的集中表现。

方城十字街历史文化街区有9处文物保护单位、10处不可移动文物

方城十字街街景

广朝南北街街景

镇中东西街街景

以及大批传统风貌民居建筑。位于雷城镇广朝北路的遂邑宾兴祠，是一座三进四合大院，建于清光绪六年（1880），具有独特的清代建筑艺术风格；徐邑宾兴祠，建于清代，原是三进四合式大院，现存一进大厅及二进左右厢房；陈氏祠堂，为三进四合式混凝土砖木结构建筑，规模雄伟，气势恢宏。这三个祠堂对研究雷州市作为古代雷州半岛的政治、经济、文化中心的历史很有价值。

方城十字街作为早期开始社会生活与城市建设的历史文化街区，其非物质文化遗产丰富，涵盖了社会生活的方方面面，在街巷内，可以发现有许多当地居民制作的蛤蒌粽和白粑。

白粑是当地传统美食之一。白粑创始人是陈章公，白粑又叫"章公白粑"，因章公粑店在嘉玲，所以人们也称为"嘉玲白粑"。白粑的粑皮用精选的本地糯米粉制作，杂以椰丝、花生蓉、冬瓜糖、红枣、芝麻、虾米、肉丁等为粑馅。制作时，先把炒过的馅料放入饼皮包紧，捏成圆形，再放进锅中隔水蒸。蒸熟以后，其形浑圆，颜色洁白，皮薄软韧，馅心半咸甜，风味独特，让人回味无穷。

讲古论今

陈昌齐

陈昌齐是清代乾嘉年间考古、语言、文学大师，精通天文、历算、医学、地理的近代著名科学家。

他学识渊博，著作宏富。参与了《永乐大典》的勘校、《四库全书》的编纂，在方城十字街内编纂了《海康县志》《雷州府志》等，著有诗文结集《赐书堂集》、书法论述《临池琐语》，其他科学著作有《天学脞说》《测天约术》等。他为官公正廉明。任刑科给事中时，纠正不少冤假案；任温处兵备道时，为民请命，令渔民可出海打鱼谋生。他为官两袖清风，为人刚直不阿，坚决抵制当权派的拉拢收买。他宽容大度，入京为官后，远闻老家和邻村禄切结怨，即致书告诫家乡父老：

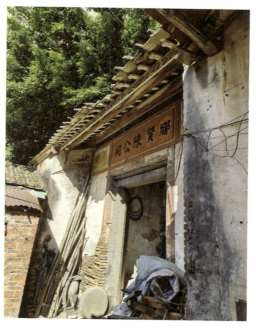

乡贤陈公祠

"有千年'禄切'，无百年'观楼'。"使两村消除怨恨，和睦相处。这一名言至今为后人所颂扬。

　　嘉庆十五年（1810）八月，陈昌齐从浙江回到广东时已年逾六旬，虽疾病缠身，但有一腔爱民爱乡之情，先后在粤秀书院、雷阳书院任教十多年，兼修《广东通志》。他讲求实学，立品笃行为先，深受学者敬重。嘉庆二十四年（1819）十月，通志编成，陈昌齐南归故里。现方城十字街区内有陈公祠，位于方城十字街府巷子，主要是纪念陈昌齐。

（三）曲街历史文化街区

曲街历史文化街区位于雷州。核心保护范围为沿曲街、南亭街、苏楼巷、下河里两侧，传统建筑较集中的地段。建设控制地带为北至环城南路，西至雷城大道，南至卖鱼街，东至环城东路（除核心保护范围外）的区域。曲街历史文化街区面积38.16公顷，其中核心保护范围面积19.93公顷，建设控制地带面积18.23公顷。

清朝海外贸易发达，曲街是码头进城必经之路，开始出现繁华景象。到了民国时期，以曲街为代表的南洋骑楼风格街巷发展迅速，商住两用的商业街市形成。清中叶以后，由于雷州巷内外贸易的昌盛，这里成为繁华的商业区。曲街不仅有繁荣的商业，而且手工业密集，有铜铁、首饰、纺织、木作、石刻等行业。大量居民涌入新城，形成了新兴的居民区。居民建造了府第和祠堂，雷州文化与海外文化进行了交流融合发展，留下了许多的雷州民俗文化。曲街历史文化街区是雷州民俗文化和南洋文化相互融合迅速发展的见证。

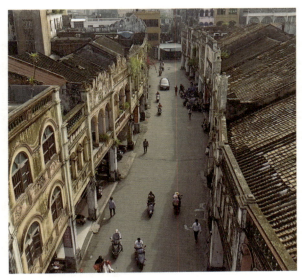

生活氛围浓厚的曲街骑楼街市

位于曲街的清代粤西名塔昌明塔（20世纪60年代曾改建为水塔）

曲街历史文化街区传统格局肌理保存完整，明清时期古街巷、古民居众多，街区内保存着传统民居历史街坊和南洋风格骑楼街市，骑楼街特色鲜明；有丰富的民间信仰、生活习俗、地方曲艺、传统工艺等非物质文化遗产，充分体现了雷州民俗文化及居住习俗。2021年3月12日，曲街历史文化街区经广东省政府批准，成为第二批广东省历史文化街区。

曲街历史文化街区受到地形和修建时间等因素的影响，街道多数弯曲。曲街沿街建筑特色显著，总的空间特色是由南洋骑楼街市组成，同时街巷内保存着大批传统风貌民居建筑。街区内大多数街道宽度为3—6米，小巷为1—2米的宽度，街区中一些街道还遗留有明代的青石路面。

曲街骑楼主要为中式传统式，店屋底层为骑楼，二层无装饰的墙上并排开窗。屋面为挑檐，立面装饰较朴素；另外还有欧亚混交的文艺复兴式、欧亚混交的巴洛克式和中西合璧的雷州南洋式，具有较高的历史、文化、科学和艺术价值。传统民居有"三合天井"型和"四合中庭"型两种传统民居，它们都是雷州闽海系地区普遍且大量存在的一种"厅井式"传统民居类型。"三合天井"型传统民居是由三面房屋一面墙壁组合而成的。"四合中庭"型传统民居是四面以房屋围合而成形成天井小院，天井四周屋檐下有回廊，沟通整座小院。

雷剧《春江月》剧照（广东省非物质文化遗产保护中心提供照片）

　　曲街历史文化街区蕴含丰富的曲剧歌舞、传统工艺、市井民俗、雷州美食等非物质文化遗产，尤其在特定节日，街区内有雷剧表演。

　　雷剧，原名大歌班，因早期以雷州歌曲调为声腔，曾名"雷州歌剧"，是雷州市地方传统戏剧。雷剧起源于雷州歌，经过姑娘歌、劝世歌、大班歌、雷剧四个发展阶段，到剧种形成历时300多年；雷剧唱做并重，尤重唱。唱腔属于以板腔体为主的综合体，兼具曲牌体的戏曲声腔体制。唱腔分雷讴、高台、混合三大体系，有散板、慢板、中板、快板、复板五种板式。雷剧唱白用雷州话，原汁原味。

讲古论今

寇　准

　　寇准（961—1023），雷州十贤之一。宋乾兴元年（1022），寇准贬谪于雷州，居住在雷城桂华坊。秋夜有流星（陨石）坠于寓前池塘。次日，他在池中喜获一块陨石，根据陨石色黑形如龟，即命人在陨石坠落的地方建起"玄武堂"。宋朝因避祖先赵玄朗讳，改"玄"为"真"，故"玄武堂"改名为"真武堂"。现堂内保存有明代"南合武当"石坊及明、清碑刻8通。2008年真武堂公布为省级文物保护单位。真武堂现址为雷州市雷城街道办苏楼社区南亭街口1号。

陈文玉

南越先贤陈文玉（570—638），广东雷州市人。

隋末，天下大乱，地处天南海角的雷州半岛寇盗蜂起，生灵涂炭。唐贞观五年（631）唐王朝荐辟熟谙地方情况又素孚众望的陈文玉为本州刺史。陈文玉在职八年，其间，为政清明，精察吏治，经常巡视境内，了解民情，关心庶民疾苦，调解民族之间矛盾，使州内各族和睦相处。不久，寇盗远遁，峒落心归，境内"民皆富庶""风俗丕变"。唐贞观八年（634），陈文玉疏请唐王朝改"东合州"为"雷州"，建造郡城。从此结束自南北朝以来州名屡变的状况，"雷州"之名代代相因，沿用至今。

唐贞观十二年（638）正月十五日，陈文玉逝世，终年68岁。为了纪念这位德政昭彰的地方官，郡民于州城西南五里英榜山立祠以祀，尊陈文玉为雷祖，称为"雷祖祠"。雷祖祠现址位于雷州市雷城镇西南2.5公里的英榜山。

雷祖祠

（四）二桥街历史文化街区

二桥街历史文化街区位于雷州市。核心保护范围为沿二桥街、犁头插巷两侧，传统建筑相对集中的地段。建设控制地带为北至雷湖南路—雷城四小，西至南门剧场，南至南门市场，东至雷城大道的区域。二桥街历史文化街区面积9.6公顷，其中核心保护范围面积2.37公顷，建设控制地带面积7.23公顷。

清朝码头贸易频繁，由于古城外南部的二桥横截南亭溪，船舶大多在南亭溪北的关部街附近停泊，政府将海关设置于此，新形成的商业区在原有基础上向南部、西南部进行了拓展，开始集中于一桥、二桥等街。

自清代开始，雷州城市经济持续繁荣，对外贸易和航运地位日益突出，经济和航运贸易作为主要推动力促进了城市规模的进一步扩大和城市形态的变化。加上清政府洋务运动的推行，南洋航运和贸易的快速发展带来了西方文化，海外资本的注入和东西方文化的碰撞对雷州古城产生了重大影响。原有以古城为主体的城市形态开始向城外南部商业区发展，以码头、南洋风格街市、贸易区为主的新兴商业街市

建筑装饰

成为这一时期城市建设的特色。海产品、海珠业、制盐业、瓷业都是雷州半岛的重要贸易行业，通过对外贸易，二桥街商业区得到迅速发展并形成风格独特的骑楼街市，二桥街历史文化街区是雷州商埠文化迅速发展的见证。

二桥街商业氛围浓，街道活力强，是极具雷州地方特色的商贸集散区，其中沿街的南洋风格式骑楼风貌突出，是古城保存最完整的骑楼街，见证了雷州百载商埠的历史。2021年3月12日，二桥街历史文化街区经广东省政府批准，成为第二批广东省历史文化街区。

二桥街历史文化街区由南洋骑楼街市组成，以传统商业功能为主，是特色小商品集贸中心，内有百年商业老店。街区内有夏江河两条分支河流，一桥与二桥是雷州古城内跨两岸的古桥，原为石板桥，新中国成立后改建，桥面均已更换为水泥板，但是其下部的砖石桥基尚好。街道长410米，路宽6—8米。

街区内有历史建筑康皇庙，始建于乾隆年间，后经道光十八年（1838）、光绪年间及民国等数次重修。庙祀宋真宗时武将康保裔，民众尊称为康皇。清代海关部税馆租赁该庙房屋办公，因改街名为关部街。庙内保存石碑多块，是研究广东省海关税收管理及雷州口岸海运的

建筑细节

重要资料。

街区内蕴含丰富的非物质文化遗产，其中犁头插巷南门市高跷龙舞久负盛名。高跷龙舞的表演者一般是青少年男子，每人脚踩高跷板，头扎面布，身穿开肚衫、统裤古装。一句"龙出海、双龙相遇、建立友情、双龙腾飞"为主题，舞蹈中有串龙、摆龙、逗龙等一系列高难度动作，龙身道具制作材料为布料、竹器、纸等，形象生动，造型独特。

据史载，南门市关武馆师傅高山公（高在岳，原附城镇高山村人）对高跷龙舞情有独钟，并带领十三名徒弟（号称十三太保）探索穿龙、摆龙、卧龙、蟠龙、抬头、戏珠等套路，从此，高跷龙舞程式套路逐渐规范化、程序化、艺术化，表演人数也固定化。1922年为纪念粤军司令黄强雷州剿匪大捷，雷城举行万人空巷的提灯大会，高跷龙舞大出风头。

讲古论今

二林庄

二林庄，位于雷城商业中心二桥街，原为平房，屋主林达成（仙桥牙公）于1907年改建为骑楼洋房至今。屋主开明、进步、好善乐施，积极支持革命同志的地下活动。1943年起，王文韶（遂溪人）、肖翰辉、欧汝颖、纪继尧、方茂盛、林芝丰、林之清、周德美（遂溪人）、潘寿南（遂溪人）、林培尧、林培皖、林荣干、林培良等同志都以二林庄为联络点进行革命活动直至雷州解放。其儿子林则英向往光明，雷州沦陷后到吴川梅菉求学，抗战胜利后到广州读大学，常常带回进步书刊给革命同志，并向店员宣讲革命形势。他放弃留学美国的机会，于1950年毅然回乡执教于海康县第一中学，继续为家乡服务。二林庄作为革命的活化石，见证了雷州人民英勇抗战的爱国主义精神。

六、广府源流　中国砚都
——肇庆

（一）名城简介

肇庆位于广东省中西部，地处西江流域中下游腹地，是两广联结西南和中原的重要交通枢纽，战略位置重要。

秦推行郡县制，在肇庆境内设四会县，是广东省4个最早建制县之一。隋开皇九年（589）置端州，高要废郡改为县，端州辖高要、端溪等四县。1970年10月，肇庆专区更名肇庆地区。1988年撤销肇庆地区，将县级肇庆市升格为地级市，实行市管县体制。至2015年，肇庆市辖端州、鼎湖、高要三区，代管四会一市（县级），辖广宁、德庆、封开、怀集四县，另设肇庆高新区、肇庆新区和粤桂合作特别试验区（肇庆）三个功能区，沿袭至今。

封开县峒中岩出土的距今14.8万年的人类牙齿化石，标志着肇庆市是岭南古人类的发源地。秦汉时期，肇庆境域广设县制，最先接受中原文化的熏陶，其中封开县成为岭南的行政中心。明清之际中西文化交流成果卓著，意大利传教士利玛窦在肇庆传播天主教及科学，建设国内第

在肇庆古城远眺

肇庆古城墙

一座天主教堂——仙花寺和中国内陆第一所西文图书馆，绘制第一幅中文世界地图《山海舆地图》，合编了世界第一部葡汉字典，制造了中国内陆第一台机械自鸣钟。近代，肇庆是北伐战争的策源地，土地革命战争时期的广宁、高要、怀集均为农民运动根据地，市域内有大量的红色革命历史遗存及革命者轶事，是革命史上光辉的篇章。

　　肇庆是广府文化的始源地，山湖城江的古城格局和留存完整的古城墙凸显了岭南独特的古城文化。肇庆端砚享誉天下，象征了崇文重教的历史传承。地理位置的重要性，使得肇庆一直是西江流域的重要军事及政治中心；六祖慧能升华佛教思想，"西江神源"龙母庇佑西江人民，利玛窦带来的天主教与本地信仰和谐共生，肇庆成为宗教文化集萃之城。肇庆还是近代革命重要策源地，是中国共产党领导的第一支革命武装的诞生地，革命志士辈出。肇庆历史悠久，文化深厚，1994年被列入国务院公布的第三批国家级历史文化名城。

　　肇庆因军事要地而兴建，西江是其命脉，临江选址，筑土建城，因地制宜，形成与山相望、与江相邻、与湖相依的"山湖城江"独特格局，"一江、两岸、三峡、四塔"是肇庆与水共生的独特自然人文景观。自建城以来，主要在古城墙的内部集中发展。到清道光时期，城市建设开始突破城墙的限制，向东、西两侧发展，主要体现为向东发展，在民国时期形成了沿西江东、西向带状发展的格局。其中，古城建成区基本集中于宋城路以南，府城北部建设量很小且主要集中于忠勇路、草场街一带，最北面的军路即今端州路成了古城较为清晰的历史边界。

宋代时，肇庆升府。为守卫府衙，将州衙、县署所在的两个小土岗及南面部分溪塘用城墙围起来，并在城西三台岗建真君堂、三圣堂等道教寺院，形成以官廨与道观为主的府城建设，城北则集中了各种公共建筑，如衙文庙、学校等，建筑均按照中轴对称的传统礼制思想排布组织，象征着政教合一的营建要求。而城南则以居住区为主，住宅建筑形制自由，随意建筑。尽管古城经历多代城墙的修复，这种功能分区的空间格局仍然特色鲜明地保留下来。

肇庆古城见证了肇庆的建设发展史，是肇庆历史文化遗产保存最为集中的片区之一，古城拥有全国重点文物保护单位3处，省级文物保护单位4处，市、县级文物保护单位20处。其中，全国重点文物保护单位古城墙的形制保存较为完整，城墙体上有宋、元、明、清、民国历代的

学庙

肇庆古城墙一角

青砖，砖有9种不同的规格，明清两代历经近20次修葺，堪称"砖的博物馆"。此外，古城拥有63处历史建筑以及3片历史文化街区，包括府前路历史文化街区、阅江楼历史文化街区、豪居路历史文化街区。

肇庆自古是西江下游流域政治、军事、经济、文化中心，有文字记载的历史已有2200年，浓厚的文化氛围和厚重的历史底蕴，造就肇庆极为丰富的非物质文化遗产，形成具有浓郁肇庆地方特色的包公文化、端砚文化、龙母文化等系列文化，其中端砚文化、端州文化、广信文化和广宁竹文化等入选广东省首批25个"珠江文化星座"，端砚入选"岭南文化十大名片"。

肇庆拥有78项非物质文化遗产，其中国家级2项、省级17项、市级59项。肇庆古城内有3项非物质文化遗产，分别是国家级非物质文化遗产端砚制作技艺、省级非物质文化遗产肇庆裹蒸制作技艺和疍家糕制作技艺。民间节庆方面，德庆的"悦城龙母诞"（庙会）热闹非凡；民间手工技艺方面，有高要的红木雕刻和草编等制作技艺；民间舞蹈艺术方面，有封开的五马巡城舞、德庆的雄鸡舞等；民间文学方面，有怀集的贵儿戏；民间传说方面，有德庆悦城的龙母传说、端州羚羊峡望夫归传说、七星岩七星仙子神话等。

肇庆是中原文化与岭南文化、西方文明与中国传统文明最早的交汇处之一，古代以来诞生了被佛门称为禅宗八祖的陈希迁和以陈钦、陈元

肇庆古城周围居民区

等为代表的岭南儒学先驱，近代以来诞生了以吴大业、吴大任等为代表的多位名人学者，以李炳辉、陈德洪、黄永强、梁祖诰等为代表的革命志士，以陈进、陆祖华、邓锦棠、李伏、谢同剂、何少棠等为代表的红色革命英雄，还诞生了当代以陈德彬、陈家骥为代表的文人学者。

　　肇庆历史名人荟萃，一些著名的来肇人物有力推动了古代肇庆的开发进程，如家喻户晓的包拯。宋康定元年（1040）包拯为端州（今肇庆市端州区、高要区）知军州事，在肇庆三年，是肇庆地方文化建设不可或缺的重要人物。人民为了纪念包公，在肇庆城内建包公祠，还有包公收妖台、锁妖井等带有神话色彩的遗迹，七星岩石室洞东壁现存包拯题名石刻。此外，端州区还是铁军诞生的地方，大革命时期诞生了中国共产党创建并直接领导的第一支革命武装——叶挺独立团，叶挺独立团训练士兵野外作战能力的基地则在七星岩。

（二）端州区府前路历史文化街区

端州区府前路历史文化街区位于肇庆古城中心，北至城中路和丽谯楼，南到肇庆古城墙，东西两侧以府前路为界。保护范围面积4.92公顷。街区由府前路、城中路和城南路组成，其中，府前路是肇庆的政治、经济、文化中心，城中路则是肇庆古城内最先形成的一条主要交通干道，古代的政府衙门均沿城中路设置，政治内涵深刻。

端州区府前路历史文化街区内传统街巷肌理保持完整，体现传统中轴线的营建智慧，两侧建筑风貌保存完好，具有较高的历史文化价值。端州区府前路历史文化街区于2021年3月12日被广东省人民政府公布为广东省第二批历史文化街区。

肇庆古城墙与丽谯楼，形成"一楼两居，三路八巷"形态格局，呈现出传统中轴线的空间格局特色。街区内有3条主要的传统街巷，即城中路、府前路和城南路，街巷肌理保持完整，其中府前路呈半圆形状，标识性强，特色明显。街巷两侧传统建筑保存较好，风貌特色明显，仍

肇庆古城墙

府前路街区的米仓巷

保留了传统的生活氛围，体现肇庆传统生活。

　　街区内现有11条传统街巷，如吉星巷、太平里、福星巷、府西横巷、打铁西巷等；有3处历史建筑，分别是府前路61、64号民居和畲园；还有2口水井，包括太平里水井和打铁西巷水井。

　　府前路街区现有6处非物质文化遗产，包括4项传统技艺、1项民俗和1项民间文学。其中，传统技艺有端砚制作技艺、裹蒸制作技艺、疍家糕制作技艺和酱油酿造技艺。民俗活动有伍丁诞，以包公为原型的民间文学家喻户晓。

　　府前路在传统美食上颇有技艺，从三项传统技艺占其二可见一斑。其中的疍家糕又名"千层糕"，是肇庆西江水上人家的传统食品，特点是层层相叠，口感十足。工艺流程分磨浆、过滤、煮糖浆、勾兑、蒸制等步骤，整个制作过程可谓是不厌其烦。一层层地做，可做到39层，取"长长久久，步步高升"之意，其制作工艺反映了端州水上人家的生活习俗和特有文化，蕴含了"积德、积福、积财"的祈盼。

讲古论今

丽谯楼

宋康定元年（1040），包拯任端州知军州事，至庆历三年（1043）升任殿中丞时离开端州，其间比较重视城市建设，在旧衙的基础上增建州署厅堂，辟建署区园林，建星岩书院，挖包公井，建广储仓、崧台驿、文昌祠和宝光寺等。包拯在肇庆就任的衙府遗址就在现今丽谯楼后。今楼座拱门两旁镶嵌颂扬包拯的"星月朗曜光山海，砚渚清风播古今"的对联，额匾石刻"古端名郡"。明洪武二年（1369）曾维修，永乐十七年（1419）又修。天顺六年（1462），郡守黄瑜在原楼台的基础上重建，更名"丽谯楼"，楼内设大藤鼓以报时辰，是肇庆最早的报时楼宇。明末桂王朱由榔抗清时将此楼作为行宫，称"永明宫"。民国期间该楼为国民革命军第四军军部，后改为该军驻肇庆办事处。叶挺独立团团部也曾设在该楼的大院内。新中国成立后，在原有台基上重建楼宇，为钢筋混凝土仿木结构，重檐九脊，歇山顶，均漆为铁红色，故又称"红楼"。2012年丽谯楼基座被列为广东省文物保护单位。

肇庆丽谯楼

（三）端州区阅江楼历史文化街区

端州区阅江楼历史文化街区位于肇庆市端州区府城外东侧，以叶挺独立团团部旧址为中心，东至华英居，南至西江沿岸，西至明直路西，北至光明街。保护范围面积18.66公顷。

汉唐以前，阅江楼是端州的邮亭驿站，称"崧台驿"；明代，军事防御功能强化，改名阅江楼；清代，街区进一步向东发展，工商业繁荣；近代以来，阅江楼的综合地位进一步提升，成为商业、文化和市政建设中心与北伐革命指挥中心。

清道光十三年（1833），肇庆已初具城市规模，阅江楼街区内的多条石街，如学前街、学前东街、镇南街、草鞋街、芝兰街等，成为肇庆古城的重要组成部分。1925年11月，叶挺独立团成立，团部设在肇庆阅江楼。

清真寺、水师营路等遗存见证了肇庆作为古代、近现代政治和军事要地的地位。街区内保存有自宋代延续至今的高要学宫、书院、学校等大量历史文教相关遗存，记载了肇庆文化教育发展的历史，也见证了肇

阅江楼历史文化街区鸟瞰图

松台书院

阅江楼街区街景

庆作为西江下游文化、学风中心的地位。众多传统街巷如近圣里、水师营、高墩里等街巷空间是反映肇庆社会发展、文化变迁和现实生活的典型地段。阅江楼街区具有重大的文化和社会价值，2021年3月被广东省人民政府公布为第二批广东省历史文化街区。

阅江楼作为清末民初的街巷格局与肇庆的生活场景、历史文教、重大事件的发生地，集政治、经济、文化、社会功能于一体，历史文化资源丰富，现有9条传统街巷，包括五经里、兴贤里、近圣里、水师营等；有4片公布的文物保护单位，其中叶挺独立团团部旧址是全国重点文物保护单位；有8处历史建筑，建筑类型多样且大多体现了岭南独特的建筑文化。有岭南传统风格的公共建筑和民居；有中西结合式的连排骑楼等众多历史文化建筑，具有较高的建筑历史、技术和艺术价值；有1片位于叶挺独立团团部旧址广场的古树群，有4口古井，分别是近圣里水井、麦仔园水井、五经里三巷古井、五经里一巷水井；有4处历史环境要素，即松台书院、古崧台门楼前石鼓、近圣里水闸、清康熙御书碑。

阅江楼历史文化街区积聚了众多非物质文化遗产，传统技艺端砚制作技艺、肇庆裹蒸制作技艺、疍家糕制作技艺、香满源酱油酿造技艺，民间文学包公传说，民俗伍丁诞拜师节等均起源或发展于此地。

讲古论今

叶挺独立团

阅江楼

　　叶挺从苏联学成回国后，根据中共广东区委领导指示，于1925年10月到肇庆筹建一支由中国共产党直接领导的正规军。同年11月，部队正式成立，团部驻阅江楼，1926年1月番号改为第四军独立团，因团长是叶挺，故也称叶挺独立团。同年5月，叶挺独立团担任北伐先遣队，屡建奇功，锻铸独立团铁军雄风。1959年，朱德元帅题写的"叶挺独立团团部旧址"悬挂在阅江楼上。如今重修过的阅江楼，已开辟为叶挺独立团团部纪念馆，馆中陈列收集了独立团当年的资料，供后人学习。

吴大猷故居

　　五经里是昔日肇庆人文荟萃之地，"中国物理学之父"吴大猷在一巷7号旧居中度过一段童年时光后到广州读书，考上南开大学，远渡重洋学成归来，仍不忘家乡，多次返肇。第一次是1915年伯母病逝，少年吴大猷跟着家人返回五经里，其间在阅江楼小学上了一个多月的课。第二次返肇是在1929年夏，吴大猷回肇庆看望母亲并在五经里居住了一段时间。第三次是在1934年夏，身在美国的吴大猷接到北京大学邀请他任教的聘书，随后回到肇庆把母亲接到北平生活。尽管五经里一巷7号已被题名为吴大猷旧居，但此外古宅也走出了吴大业、吴大任等多位名人学者。屋内珍藏的部分古籍也幸得吴氏后人保护，如今分别藏于高要区图书馆和端州区图书馆，完好地保存了古籍的学术价值。

肇庆酱油

　　肇庆酱油酿造技艺现可追溯至清光绪三十四年（1908），梁就在如今端州区黄岗街道宾日村一带创办酱油酿造坊。此后，梁就后人梁宽林、梁悦明等人在继承古法酿造、天然晒制等传统技艺的基础上，根据不同时期消费人群的食用习惯，改进技艺，发展出地窖回阴的独特方法，与时俱进，不断创新，至今已有100多年历史。2014年、2015年，广东省肇庆市香满源食品有限公司先后入选"广东老字号"以及"中华老字号"。

　　肇庆香满源酱油选用优质原材料，经过原料处理、黄豆蒸煮、种曲培养、拌曲、发酵、晒制、地窖回阴等工序酿制而成，具有历史价值、科学价值、食用价值以及经济价值等多重价值。在梁氏后人多年的潜心经营之下，香满源酱油已走进千家万户，成为肇庆市民日常生活的一部分。香满源酱油酿造技艺于2017年2月入选肇庆市第四批非物质文化遗产名录。2022年4月，肇庆酱油酿造技艺入选广东省第八批省级非物质文化遗产代表性项目名录。

（四）端州区豪居路历史文化街区

端州区豪居路历史文化街区位于肇庆市端州区府城东侧，以豪居路、麒麟街和新街为中心，南侧以江滨五路为边界，北侧以宋城一路为边界，西侧以肇庆古城墙和旧街以西部分街巷为边界。保护范围东以睦民路为边界，总面积9.67公顷。

豪居路位于古城东侧南北向道路，是早期肇庆商贾富豪的选址建房地。麒麟街位于古城东侧南北向街巷，古时人们在此修"福肇社"供奉麒麟以保佑百姓，故以此命名。由于旧街不能通汽车，后在旁建新街入二马路市场。新街建成后，可通小车，便于货物运输，逐渐形成了小商品批发市场，街道尺度宜人，两侧建筑物以民国前后时期为主，风貌较为统一。民国时期豪居路发展成为重要的商业金融中心，成为古城重点的商贸地带。

豪居路街区见证了明清时期府城沿城墙外溢的发展趋势，作为清末

肇庆历史建筑

民初富豪聚集之地，保存了完整的街巷肌理和丰富的骑楼建筑，是塑造肇庆文化认同和形象感知的典型地段。2021年3月12日，端州区豪居路历史文化街区入选第二批广东省历史文化街区名单。

豪居路、睦民路地段的民宅密集，房屋低矮，沿城墙而建，两街巷与麒麟街平行走向，两侧巷道鱼骨状延伸至街区内部，街巷尺度宜人，步行舒适，两侧建筑物风貌统一，与街道形成富有活力的社区生活圈。

豪居路体现了清末民初肇庆古城街巷格局与工商业生活场景，历史悠久，现有10条传统街巷，包括正东路、睦民路、睦民横路、麒麟街等；有2处文物保护单位，分别是全国重点文物保护单位肇庆古城墙和市级文物保护单位麒麟巷中共西江特委交通站旧址；保留了大量较为集中、完整的骑楼式建筑，公布有13处历史建筑，如韬园、绍庐、睦民路夏家大屋等民居建筑；有3口古井，包括麒麟街古井2处、豪居路二巷古井；还有1处立新街水闸。

肇庆市端州区是全国闻名的端砚之乡。伍丁诞，是端州采石造砚工匠在每年四月初八举行的一项虔诚而热闹的民俗盛事。诞前，村中长老召集村民集资募捐，蒸发糕，贴对联。诞期当天，全村男丁集中于祠堂，摆神福，贺师傅，拜师傅，领取长生簿，恭请伍丁祖师上轿出巡绕村送福。巡游结束后，由长老持刀切割烧猪、烧鹅及祭肉平分至各家各户，晚上各家酬谢伍丁福恩，食大盆菜将伍丁诞推向高潮。

伍丁祖师崇拜源远流长，是岭南文化和巴蜀文化、中原文化融合的产物，是肇庆先民开发、兼容精神的象征，独具肇庆民俗特色。伍丁诞于2022年4月入选广东省第八批省级非物质文化遗产代表性项目名录。

讲古论今

黄永强

黄永强，1921年出生于今端州区豪居路七巷28号，是为和平解放肇庆作出贡献的地下工作者。他父亲曾任郁南、茂名县县长，后到香港当

125

中医师，于1937年病故。黄永强毕业于省立肇庆中学，1947年到香港明德小学任教，并结识许多共产党人和进步人士，受革命思想影响，加入了中国共产党。

1949年5月，高要县人民政府在高要南岸解放区成立。黄永强组织人员将高要人民政府成立的布告连夜张贴到肇庆城内的机关、学校、团体、街道、市场，甚至贴到国民党县政府门前的布告牌上，还印成信件，以宾兴馆的名义分别寄给驻肇的国民党军政头目、士绅、工商界知名人士。将毛泽东、朱德发布的《向全国进军的命令》和《约法八章》印成传单，散发到街头巷尾。黄永强等人和中共中央华南分局、粤桂湘边纵队均对广东省十一、十二区水陆警备指挥部指挥官（后充任肇庆城防司令）廖强秘密策反，促使其将两个主力大队调离肇庆，减弱了敌人在肇庆的力量，为肇庆的和平解放奠定基础。

韬　园

韬园位于豪居路48号，于20世纪二三十年代由当时的国民党人林烈一手设计、修建，是一栋四层楼高的青砖小洋楼。洋楼的主人林烈，祖籍肇庆高要，清光绪十二年（1886）生人。青年时在肇庆加入同盟会。辛亥革命成功后参加广东新军随军北伐，参与各次战役。国民革命时期，担任粤系将领张发奎、余汉谋等人的教官，曾在粤军陈炯明部历任营长、团长和师长。1931年后，林烈曾组织自卫队发起抗日救亡运动。1944年，肇庆沦陷后，日寇多次到韬园拜访林烈，欲以高官厚禄诱其"出山"。林烈坚守民族气节，凛然拒绝，最终避隐于高要县禄步田坑村，于此避世，终老一生。

如今，韬园在历史的沉淀中显得独树一帜，与众不同。门上石匾为康有为题字的"韬园"二字，字迹依然清晰可辨，静静地向过路人叙述着当年的那段家国情怀。

七、伟人故里　产业先锋
——中山

（一）名城简介

中山（香山）位于珠江三角洲中南部，地处珠江口西岸，毗邻澳门和香港，河网交错，是古代"海上丝绸之路"的咽喉。

在距今5000多年前的新石器时代晚期，中山（香山）只是珠江口伶仃洋上的一个孤岛，已有古越族人在岛上渔猎和居住。汉代属番禺县地，晋代属东官郡地，唐朝属东莞县，南宋绍兴二十二年（1152）将南海、番禺、新会3个濒海之地划入，设香山县，属广州（府），沿至元、明、清三代，辛亥革命后属广东省。民国14年（1925）3月12日孙中山逝世。同年4月15日，广州中华民国陆海军大元帅府决定，将香山县易名为中山县，以示纪念这位伟大的民主革命先行者。中华人民共和国成立后，于1983年12月，经国务院批准，中山县改为中山市（县级）；又于1988年1月，经国务院批复升格为地级市。

南宋香山立县后建县城。县城设于石岐山（今称烟墩山）以东（今

古香山地理图

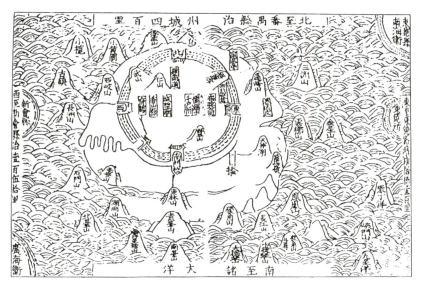

明嘉靖二十六年（1547）香山县境全图（《香山县志》明嘉靖本）

石岐孙文中路西段、民生北路、拱辰路一带），并筑土城墙，因"布
铁沙于地以地筑城"而称铁城，沿用至明朝初期。明朝洪武二十六年
（1393）转作砖城并扩建。清代沿用并多次修缮。至民国因城区发展
和修建马路的需要，拆除城墙。明朝时期的孙文西路已成为香山县的商
贸中心。志曰"邑商人适其事，于县城西，集商十八间"，具体地点指
的就是孙文西路中段，这里聚集了一批规模较大的商号，从事大批外采
和批零活动，包括纸料、布匹、陶瓷、海味、杂货、中药、灯饰等各类
经营。

　　中山早期就是一个移民聚集的社会，可以说，海洋的恩赐，不仅体
现于沙田的拓展、农桑的生繁、商贸的兴昌，还引发了移民的涌入，催
生了丰富的民俗文化。中山是广府文化的代表城市之一，发祥于中山的
香山文化是中国近代文化的重要源头，至今，中山咸水歌、小榄菊花
会、南朗崖口飘色、醉龙舞依然广为流传，中山享有广东省曲艺之乡
（粤剧）、华侨之乡的美誉。

　　中山，作为中国唯一一个以伟人名字命名的城市，是中西方文化交

流的重要窗口，珠江纵队的重要革命根据地，改革开放深化发展的重要历史事件见证者，中国现代化示范区和改革开放的试验田，2011年被国务院公布为国家级历史文化名城。

中山古城是中山市历史文化名城的核心区域，是中山市文化遗产保存最为集中的片区之一，铁城与烟墩山和石岐河之间，以孙文西路为纽带形成的"山、水、城"格局，一直保留至今，明代修建的烟墩山塔至今仍为区域的景观中心。进而，在近代中西文化碰撞的历史剧变时期，中山作为中西文化交流的重要节点，受西方文化的影响，古城内有大量南洋风格建筑群，对研究沧海桑田、移民社会、中西交融以及多元文化的作用下形成的香山文化，有重要价值。中山老城内包含28处文物保护单位，47处历史建筑，孙文西历史文化街区、西山寺历史文化街区、从善坊历史文化街区以及沙涌历史文化街区4片历史文化街区。

中山市有中山咸水歌、小榄菊花会、凉茶、醉龙舞、南朗崖口飘色、六坊云龙舞等6项国家级非物质文化遗产。其中中山咸水歌是中山

鸟瞰孙文西路

西山公园内的孙中山与宋庆龄雕塑

民歌的缩影，是大沙田的优秀民间音乐文化，是古老疍民歌曲的遗存，是珠三角及港澳地区疍家人共通的"语言"，更是一种富有地方特色和民族特色的文学艺术作品，包含了疍家人对精神生活价值的追求和取向，对研究疍民的历史、宗教信仰、生活方式等具有人类学、民俗学研究的价值。

在众多中山名人对中山城市建设的影响中，以孙中山最具代表性。1925年，香山县改名中山县，以此纪念孙中山。2009年，中山市人大常委会作出决定：将孙中山纪念堂作为中山市的"城市原点"。孙中山虽然甚少在实施阶段参与中山县的建设，但他从长远的战略角度出发，指明了中山发展的重要方向，近代中山城市建设中的几件大事情均与他有关。开辟中山港一事，他在《建国方略》中就有阐述，早年也曾与唐绍仪商议模范县的建设及无税港的开辟。中山模范县建设、中山无税港得以实施，还得益于孙中山的政治影响力及其亲人朋友（孙科、吴铁城、唐绍仪）的极力推动。因此说，孙中山是近代中山城市建设得以顺利进行的有力保障，是影响中山县近代城市建设的关键人物之一，并且其影响是深层的。

（二）孙文西历史文化街区

孙文西历史文化街区位于中山城区石岐铁城西门外，街区以孙文西骑楼街为中心，北至光明路—山凤街—蓁园中约，南至南基后街—石岐中街—泰安通衢—泰安路—悦来上街—悦来路，西至凤鸣路—南基路，东至湖滨路—太平路—悦来路。保护范围面积29.15公顷。

孙文西路，旧称迎恩街，隋唐时期作为进入香山的官道，具有重要的历史地位。孙文西路自古以来就是香山商业中心，宋元时期的十八间是城市商业最早形成的区域，明清时期的城西旺市见证了香山商业的发展，清末民初形成的大量老字号店铺及商业行会仍保留至今，至民国时期修建拓宽，形成了如今以孙文西路为中心的骑楼商业步行街。

孙文西路至明朝时期已成为香山县的商贸中心。志曰"邑商人适其事，于县城西，集商十八间"，具体地点指的就是孙文西路中段。这里的"十八间"并非一个实数，而是表示很多的意思，指的是这里聚集了一批规模较大的商号，从事大批外采和批零活动，包括纸料、布匹、

孙文西路街景

陶瓷、海味、杂货、中药、灯饰等各类经营。到清末民初，孙文西路已渐渐发展成为远近闻名的商业街区。民国10年（1921）11月，实行拆旧城，筑马路的计划。拆除西门城楼，将武峰里—怀德里—岐阳里—观澜街—大街市一线打通，扩宽，建筑城西大道，1925年孙中山先生逝世后，为纪念这位伟大的革命家，将城西大道改为孙文西路，从西山脚起，直达天字码头。目前整条路上的建筑群，尤其是从长堤到拱辰路一段的临街建筑，都保存完好，保留了清末民初中山城区原有的建筑风格、建筑艺术、建筑布局等城市肌理，也保存了传统的中山商业和文化内涵。

孙文西路见证了中山商贸文化的发展历程。孙文西路两侧建筑融合了西式建筑风格，同时保留了岭南建筑的文化元素和南洋风情，是中山华侨文化的展示地、中山骑楼街的代表，见证了中山近代城市的发展繁荣。2015年4月3日，孙文西历史文化街区经住房和城乡建设部、国家文物局批准，成为第一批中国历史文化街区。

街区保留环烟墩山形成核心加环路放射的山—城格局，南侧以孙文西路为东西向主骨架，以文书巷、阜峰里、庆隆里、三元庙等为支巷，形成鱼骨状的街巷总体格局。目前，这条步行街仍是中山最有特色的商圈所在。老街区全长约1000米，宽约25米，有清代孙中山革命活动场所中西药局，光绪年间建成的汇丰百货公司，民国年间的永安公司、先施公司、思豪大酒店等历史遗存。骑楼商业建筑是孙文西历史文化街区最突出的特色建筑，反映了清末岭南地区建筑匠人高超的技术与多姿多彩的工艺美术。

孙文西历史文化街区内现有1处广东省文物保护单位、1处中山市文物保护单位、8处不可移动文物、10处历史建筑，以及大批传统风貌民居建筑。其中，烟墩山塔原称阜峰文塔，又称烟墩花塔，位于石岐区凤鸣社区中山公园内的烟墩山上，建于明万历三十六年（1608），由知县蔡善继创建。该塔为七层八角形楼阁式砖塔，铁铸宝瓶状刹，坐东北向西南，高24.5米，塔置平座，菱角牙砖与线砖相间叠涩出

烟墩山与孙文西路

檐，塔身逐层内收。该塔原为上下通贯空心塔，1952年重修时，上三层塔心室改为实心，1983年再次重修，为中山地区典型的明代砖塔。1990年公布为中山市文物保护单位，2008年公布为广东省文物保护单位。

孙文西历史文化街区的石岐赛龙舟是广东省非物质文化遗产。地处珠江三角洲下游的中山石岐，过去是一个水网交错的地带。赛龙舟是石岐一项源远流长的传统民俗文化活动。石岐的龙舟，以紧邻河涌的张溪、南下、基边、员峰、西厂、上基、大墩、岐头、厚兴等最为盛行。其中，石岐的龙舟以员峰牛根、员峰长龙、基边康龙、张溪祖庙、南下城南武侯庙，以及民国时期建造的大墩北龙、上基康龙等为代表，时间最长远的至今已有五百多年历史。到了农历五月初五，石岐各乡的龙舟就会在岐江河上进行赛龙夺锦，当晚在乡中大摆"龙舟饭"筵席。

石岐龙舟代表队在1993年中山市龙舟赛和1998年广州国际龙舟邀请赛中均获第一名。20世纪90年代至今，石岐曾举办过多届龙舟赛，使龙舟赛这项民俗得以传承。

讲古论今

思豪大酒店

　　民国13年（1924），澳大利亚归侨郭四泉回乡开办私营银行，命名香山银行，地址设在现时的步行街大庙下路段。抗日战争胜利后，香山县商会会长李德联将香山银行大楼改建为五层豪华酒店，取名为思豪大酒店，成为当时中山最豪华的酒店。

思豪大酒店

汇丰公司

　　汇丰公司于清末开业（一说辛亥革命时正式开张），地址在今石岐孙文西路邮政营业部，是一间规模较大，有四层楼四铺面的侨资公司，主营百货，分设服装、毡帽、钟表、眼镜、玩具、罐头、烟酒、糖果饼、床上用品等专柜。为了招徕生意，公司在四楼开设茶楼，并在天台设茶座，兼演粤剧。为保存该企业，20世纪20年代筑建马路时，政府只好取曲道。全面抗日战争爆发前，该公司生意兴隆，曾是县内商业零售额最多的单位。中山解放后，20世纪50年代，此址曾用作工会工人俱乐部，后又改作县邮电局。

汇丰公司旧址

（三）西山寺历史文化街区

西山寺历史文化街区位于中山市中区西山，北至康灿里，南至孙文西路，西至太平路，东至龙母庙街。保护范围面积5.28公顷。

南宋绍兴二十二年（1152）建县城在香山岛北端，西山为城西七星峰之一，明代扩城墙至西山，嘉靖年间修建寺庙于此。清代西山东可俯瞰铁城，西与烟墩山隔街相望，西山寺成为城市环绕的寺庙。民国时期，拆城墙，筑马路，寺庙改公园，并于1921年重建了西山寺。

据县志记载，陈天觉用泥土建造铁城城墙，城内原有武峰山（今称西山）、月山、仁山等八座小山峰，形成"七星峰拱卫仁山"的风水格局，盈山、福山、凤山已平于筑城时，现仅存月山、武峰山（今西山）。明代嘉靖年间，孝廉毛可珍在此读书，毛氏信佛，请僧人入住，后来捐出物业作为僧佛居所，并建寺庙于此。清代，根据《香山县志》，"西门成为城内外经济交汇点，西门内外形成街巷，店铺林立，人口与经济活力逐渐超越铁城，西山寺成为城市环绕的寺庙"。民国时期将城内的风景名胜和寺庙园林改作公园，民国10年（1921）重建了

西山寺

西山寺，每逢佛诞、初一、十五等节日，上香礼佛的信众较多，寺内香火鼎盛。新中国成立以后，"西山红棉"被评选为"中山新十景"之一。

西山作为香山建城的七星峰之一，体现了早期营城的思想理念，反映了古代岭南地区建城选址注重山水格局、山形地势，讲究象天法地的传统文化理念。环绕山体建设街坊、集市，体现了古代天人合一，自然与城市和谐共荣的思想。西山寺依山而建，采用传统寺庙的营建手法，体现儒释道文化包容并存。环山街坊内形成岭南特色的鱼骨状街巷格局和多样的南洋风格建筑，汇集了宗教文化、岭南文化、南洋文化，展现了中山城市文化的底蕴深厚、开放包容。1990年，中山市人民政府公布西山寺为市级文物保护单位。

街区范围内建筑不仅是名人们聚会的场所，也是近代革命家们活动的场所。例如孙中山革命活动场所——中西药局，当时追随孙中山的大批革命志士，均在此进行过丰富的思想交流活动。街区内的历史遗迹见证了近代中国革命历程，红色文化底蕴深厚。2020年4月9日，西山寺历史文化街区经广东省政府批准，成为第一批广东省历史文化街区。

西山寺历史文化街区处在中山历史城区的发展轴孙文中路上，是具有岭南传统特色的围绕山体寺庙而建的特色区域。街区范围涵盖了作为老城区内为数不多的小山包之一的西山。西山，早在中山立县之前已存在，历史上位于铁城范围内，是铁城的制高点，有"第一峰"的称号。整个街区依托西山而建，按地势由高到低划分为三个部分：西山公园纪念区、中部住宅区和外围商业区。街区很好地保存了清末民初的历史风貌，糅合西方元素的建筑反映了中山对外来文化的吸收和利用，街区西面和南面的骑楼建筑是中山市为数不多的保存完好的骑楼街之一。

西山寺历史文化街区内现有1处广东省文物保护单位、4处中山市文物保护单位、2处历史建筑，以及大批传统风貌民居建筑。其中，中山县殉国烈士纪念碑位于石岐区太平社区西山公园内，建于1927年，在2008年被公布为广东省文物保护单位。此碑是由华侨捐建，纪念在

1916年讨伐龙济光战斗中牺牲的烈士，故又称"讨龙纪念碑"。现由主碑、石碑记和照壁组成，总面积约36平方米。纪念碑坐西南向东北，正中用篆书阴刻碑名，两边用楷书阴刻烈士姓名。碑两旁建有巴洛克风格的护墙，后方有一石碑记，前方有一照壁，上镶嵌有孙中山笔迹"天下为公"石刻。该纪念碑是中山市现存的唯一一个反映1916年讨伐龙济光战斗的纪念建筑。

讲古论今

读书人与西山寺

西山寺历史文化街区内的西山寺历史悠久，原名仁寿禅林，又称仁寿寺，也称武峰和第一峰。始建于明朝嘉靖年间，是读书人喜聚之地。西山寺原是毛氏家业，后来捐出物业作为僧佛居所。清道光年间，邑人曾望颜曾在此攻读诗书，至咸丰六年（1856）他任陕西巡抚署四川总督时，特募资将古寺加以扩建。由隐泉庵派僧人心恒担任住持，历代相传，到1949年已传至十三代。相传在宋代，该寺四周种有六株木棉树，故树下的环山小路称为"六棉古道"。至清朝时树枯萎，邑人再补植六株，修复"六棉古道"，并立石牌坊于东南端。西山寺经清代顺治、康熙和乾隆、嘉庆、咸丰年间和民国十年（1921）、1988年多次增建重修，清朝时种的六株木棉尚存五株。

（四）从善坊历史文化街区

从善坊历史文化街区位于中山市石岐区，街区北至亭子下正街—黄皮巷，南至南园巷—民生路，西至友善坊—绍辉里，东至民安街—白水井大街。保护范围面积6.82公顷。

隋唐时期，从善坊为铁城出南门外的一个聚居点。明朝城墙范围进一步扩展，至清咸丰十年（1860）修筑了岐澳古道（属于南干大道的一段）。民国拆除城墙，从善坊通过民生路与城内建立联系。新中国成立以后，从善坊以民生路为主干，形成垂直于民生路的鱼骨状街巷格局。

香山建城于南宋时期，城镇发展的前期，因渔业、盐业、农业发展，吸引了大量渔民聚居于铁城出南门外的从善坊。明朝为城镇的发展期，城墙范围进一步扩展，手工业、商业和文化教育兴起，城市朝城西、城南不断扩展，城南从善坊片区内兴建了一座观音庙，巷沿用庙的名称，第一条街巷叫"观音巷"。康熙十八年（1679），朝廷开放内地与澳门的贸易往来，在商贸模式的影响下，岐澳古道成为官府主导修筑、官民共享的通道，尤其是香山县城、香山县南部与澳门商业往来的官道更是热闹。清咸丰十年（1860），由于岐江河可直接出海，承担与港澳联系的纽带，许多华侨、港澳商人集结于此。从善坊位于城南，这一时期形成了传统民居群，南门正街与观音巷、市巷、民安街强化了街区"十字形骨架"。清末民初是街区道路格局形成的重要时期。

街区建筑多建于民国时期，主要为20世纪30年代前后分期建设，街坊内居住建筑及沿民生路的骑楼街是岭南建筑、南洋建筑结合的典范，也是中山近代典型的居住街坊。街区内街巷多形成于民国初期，整体格局清晰，风貌保存完整。民生路骑楼街两侧建筑则为典型南洋风格，体现了中山近代华侨文化对当地建筑文化的深远影响。街区现存的中西合璧的建筑及建筑群组、传统的街巷风貌，是研究华侨文化对中山近代生活影响的真实范本。2020年4月9日，从善坊历史文化街区经广东省政府批准，成为第一批广东省历史文化街区。

从善坊历史文化街区是具有岭南传统特色的居住区。整个街区被从善坊、共和巷、观音巷、郭家巷等东西向的且垂直于民生路的巷道分割。街区内建筑大体呈东西朝向，布局规整。整个居住区保留了传统的岭南特色的建筑形式，街巷也基本保留了原有格局。沿民生路分布若干骑楼商业建筑，街区内部统一为居住建筑，阳台、露台、坡屋顶结合，生动反映了中山清末民初的居住空间和浓郁的生活气息。

从善坊历史文化街区内现有7处历史建筑以及大批传统风貌民居建筑，其中大部分是民国时期建设的民居建筑。街区内传统民居院落地块划分相对较小，以垂直于街巷的狭长形院落地块为主，院落多为长方形和多边形，街巷比较平直，划分较为规整。从建筑风格来看，中国传统建筑风格与折中主义色彩的华侨建筑并存，传统建筑中有大量的富有岭南特色的装饰，反映了清末岭南地区建筑匠人高超的技术与多姿多彩的工艺美术。街区内古朴的青砖建筑、精美的雕刻、规则的小巷、深深的庭院、浓郁的生活气息，形成了具有从善坊特色的生活区。

讲古论今

香山琴社

香山琴社位于从善坊10号，由著名古琴家茅毅先生（诸城派第六代、广陵派第十二代传人）指导、中山本地琴友自发组建，旨在提高琴人自身素养、传播琴学、重燃香山古琴薪火。琴社坚持举办雅集、公共选修课、名家演奏会，并开设古琴、花道等课程。目前已有琴友逾百人。

（五）沙涌历史文化街区

沙涌历史文化街区位于中山市南区的东北部，南起光明街、应彪路，北至长兴街、横岭九街，西起仁和三巷，东至泽秀街。保护范围面积约为16.10公顷。

南宋嘉泰三年（1203），马南宝先祖马驿、马驳从新会县城金紫街迁居于此，树旁河涌多沙，原沙涌村由此得名。现沙涌村是2002年由原上塘村、沙涌村两村合并而成的新的行政村。

南宋景炎年间，宋皇帝赵昺抗元失败南逃至沙涌，并把行宫建在马南宝宅内。马南宝勤王有功，后世建牌坊以表彰他的事迹。牌坊原由全麻青石雕塑镶嵌而成，可惜在1965年被毁，现存的牌坊由青年农民画家马中于1987年设计重建。镇龙阁（又名文阁）位于沙涌村中心，建于清嘉庆年间。塔分五层，塔基宽阔，塔身垂直并以琉璃飞檐相隔，塔高12.28米，塔围10米，塔前有休息亭，是村民信士休闲和祝福之地。

沙涌街区距今约有800年历史，其街巷路网多保留明清时期的格局样式。现存的历史传统风貌建筑（构筑物）多建于清末民初，在建筑特色上运用了"中西结合""外洋内中"的建筑手法，建筑装饰艺术类型丰富，同时保留了许多民俗文化遗产。街区对研究中山市华侨文化、商业文化以及传统居民生活都具有重要的历史文化价值。2020年4月9日，沙涌历史文化街区经广东省政府批准，成为第一批广东省历史文化街区。

目前，沙涌仍保存着民国初年的街巷格局，街巷弯曲，许多交错屈曲的小巷散布其中，共同构成了以南宝大街为主轴的鱼骨状街巷格局，而且街名也沿用至今。村落的选址、乡土建筑与居住环境的营造都体现了择吉而居，讲求五行风水的传统观念。沙涌村是著名的侨乡，建筑风格除了原有的碉楼和骑楼，也有不少结合传统的建筑，融合为仿哥特式、仿西班牙式、仿美、仿英钟楼式、仿日式等中西合璧的住宅。在沙涌村常常可以看到中式的空间布局与建筑样式——坡屋顶的形式，但外立面以及壁画、雕窗等往往采用了西洋式的形式，产生出一种中西合璧的建筑美感。

沙涌历史文化街区内现有1处广东省文物保护单位、5处不可移动文物、5处历史建筑以及大批传统风貌民居建筑。其中，马公纪念堂坐落在南区沙涌村，是当年先施百货公司创始人马应彪为纪念先父马在明，以及自己"老来安居家乡"而兴建的私宅，建于1933年。纪念堂坐北向南，是由三座不同国家风格的建筑组成的花园式洋房，总占地面积约8100平方米，规模颇为宏大。纪念堂入口正门为四柱三间三楼坊。从正门进去，迎面是一座中国重檐八角攒尖顶的传统凉亭，该亭以马在明的名字而命名为"在明亭"，从亭子里面抬头仰望，错落有序的几何图案又渗透出几分西洋味道。在这飞檐翘脊的中式凉亭后面，呈现的是一栋两层高的仿意大利式建筑"一元堂"，是马应彪为纪念父亲而建造的一座纪念性洋楼。左边是一座仿英国式的三楼建筑"南源堂"。

沙涌历史文化街区的沙涌马家枪是中山市非物质文化遗产。沙涌马家枪，名称首见于戚继光的《纪效新书》中，是中华武术传统枪法体系

马公纪念堂

中的重要流派之一。据传，沙涌马家枪由汉代伏波将军马援所创，古人作战时加头（器）于棍为兵（枪），马援取其所长，出征交趾，武功显赫。后沙涌马家枪法为马氏后裔代代相传，并广泛流传于岭南及巴蜀一带。沙涌马家枪源远流长，传人众多，除了强身健体的实用价值和保家卫国的防御功能，还有其独特的文化价值。

讲古论今

先施百货创始人马应彪与中山沙涌村

中山沙涌村，是民国时期四大百货创始人之一马应彪的故乡。马应彪前往澳大利亚创业致富后，联合其他华侨投资家乡的建设。20世纪20年代末，马应彪带领一批土木工程技术人员由港回乡，建造西式园林格局的豪华大厦三幢，分别为南源堂、马公纪念堂、在明妇儿院。马应彪特别重视妇幼教育，在家乡创办在明书塾、沙涌妇女学校、沙涌幼儿园、沙涌公园，还免费招收本村和邻村的妇女入学，扫除文盲。同时，市政方面，整治全权街道沟渠，改变村容，使原来落后、闭塞的农村大为改观。

八、岭东雄郡　东坡悠韵

——惠州

（一）名城简介

　　惠州地处粤港澳大湾区东岸，背靠罗浮山，南临大亚湾，属于南岭山地向珠江三角洲平原过渡的地带，境内东江、西枝江、龙门河、增江、淡水河等河流密布。

　　新石器时代晚期，惠州先民以捕捞、狩猎和原始的农耕开创原始文明，西汉设博罗县，开启惠州城市建制的历史。入隋后，梁化郡改循州，从此惠州成为东江流域的政治、经济和文化中心。民国期间，惠州府与其附郭归善县合并为惠阳县。新中国成立，设立惠州镇，1988年，撤销惠阳地区建制，成立地级惠州市。自循州总管府设于桥西梌山，其一直作为历代惠州府衙的所在地。宋代，筑成完整的城墙，惠州古城格局初步形成。明中期，归善东平民城建成，确立"一街挑两城"的双城格局。东新桥码头货运日渐发达，商业日渐繁盛，成为东江流域的经济贸易中心。清末民初，水东街集中了惠州工商业的主力，客栈、茶楼、金铺、作坊、药店遍布其间，商贾云集，百业兴旺。抗战期间，华南的对外贸易口岸全线失守，惠州成了后方物资的主要中转站。

　　惠州居于广州、梅州、潮汕之间，据守通衢，内承广府、客家和潮

惠州市惠城区文笔塔

惠州西湖

汕三大广东本土文化的自然交融，外受中原文化的浸润滋养和海外西洋文化的影响，依赖于特殊的地理位置，成就了多元文化交融共生的文化形态。

作为东江的商业中心，沟通东江上下游的重要商业渠道，惠州2015年被国务院公布为国家级历史文化名城。

惠州老城是惠州历史文化遗产保存最为集中的片区之一，府城和县城自明代万历年间形成的双城格局，反映了惠州东江流域政治、经济、文化中心的发展演变。明初府城分为军城、民城两部分，形成倒靴形空间格局，明中期归善东平民城筑成，奠定"一街挑两城"的双城格局。到民国时期，桥东成为东江的商业中心。古城内历史街巷肌理犹存，客家、广府、潮汕等多元建筑风格与西方建筑风格相融合，对研究东江流域繁华商业集镇发展、独特的惠州岭南建筑风格等问题有重要价值。惠州老城内包含56处文物保护单位、95处历史建筑，以及北门直街历史文化街区、金带街历史文化街区、水东街历史文化街区、铁炉湖历史文化街区4片历史文化街区。

惠州市有惠东渔歌、中医传统制剂方法（罗浮山百草药油制作技艺）2项国家级非物质文化遗产，舞火狗、龙形拳、麒麟舞（小金口麒

渔歌嫁娶

麟舞）等22项省级非物质文化遗产。其中，惠东渔歌是流传在惠东县沿海地区的一种民歌。据记载，它在宋朝时传入惠东，至今已有近千年的历史。大型歌舞剧《南海长城》以惠东渔村生活为表现题材，音乐素材则取自惠东渔歌，演出后深获各界好评。

惠州历来是名宦重臣、骚人墨客荟萃之地，其中最为著名的是苏轼。苏轼，号"东坡居士"，绍圣元年（1094）被贬惠州，自称"问汝平生功业，黄州、惠州、儋州"。他在惠州的两年零七个月期间，先后写下了190多首诗词和几十篇散文、序跋，其诗文歌咏惠州，使惠州名扬四海，世称"一自坡公谪南海，天下不敢小惠州"。

惠州苏东坡祠内东坡雕像

（二）北门直街历史文化街区

北门直街历史文化街区位于惠州市惠城区桥西街道，东起环城西路，西至滨江西路，南起公园路，北至惠州大桥。保护范围面积13.9公顷。

自隋朝置循州总管府于今中山公园以来，北门直街一直是历代府治的所在地。1986年1月，在北门直街中山公园西侧，发现大批隋唐时期的筒瓦、板瓦和陶罐残片等，证实其是隋唐时期的生活遗址。北门直街街区内惠州府、桵山、朝京门以及中营守备府一直是军城的重要部分。

康熙元年（1662），清廷在惠州设立提督军门，设标下左右翼游击四员，防止台湾的郑成功反清复明势力卷土重来，防倭寇海上入侵我疆土骚扰抢掠。清廷继续沿用明朝的官府办公。北门大街25号（现苗屋）为驻军的中营守备府。

苗屋、桵山、朝京门以及中营守备府记载了惠州军城到近代城市发展的生长轨迹，惠州府城遗址见证了惠州的悠久历史。至清末惠州府城形成"九街十八巷"街道格局，北门直街一直是惠州府城北门进入城府的主要街道，街区一直是惠州军事重地，也是新民主主义革命策源地。街区内保留有清末民初的传统建筑，街巷格局基本延续古城肌理和"民国公园"的风貌特色，是本地居民传承老惠州生活习性最具代表性的街区，对研究珠江三角洲建筑史及居住习俗具有重要的价值。2020年4月9日，北门直街历史文化街区经广东省政府批准，成为第一批广东省历史文化街区。

北门直街历史文化街区内清末民初的传统民居建筑等建筑风貌特色显著，街巷格局基本延续古城肌理，以北门直街为轴，呈鱼骨状，肌理清晰，街巷整体格局保存较好；明清城墙遗址是惠州历史城区内仅存的城墙，见证了惠州历史城区的悠久历史。

北门直街历史文化街区内现有5处惠州市文物保护单位、2处不可移动文物、11处历史建筑以及大批传统风貌民居建筑。据《惠州文物志》

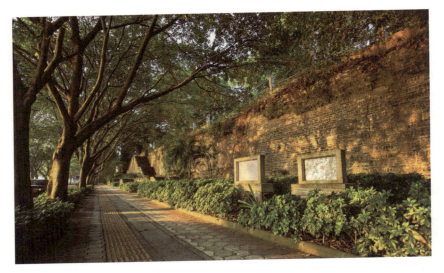

惠州明清城墙

记载，惠州城自宋以来，均建有城墙，现绝大部分城墙已拆毁，现存城墙为明洪武二十二年（1389）扩城时筑，东南至西北走向，全长为400米，外包青、红石条，内夯实土，墙身砌以火砖。此段残垣，除少量青石条为清代加筑外，其余大部分砖石为明代遗物，是惠州市保存较好的一段城墙，为研究明代历史提供了宝贵的实物资料。

北门直街历史文化街区惠州剪纸和惠州书画装裱技艺入选了惠州市非物质文化遗产名录。剪纸是中国民间流行的一种历史悠久的镂空艺术。惠州剪纸极富本地特色，它大胆地吸取外地剪刻作品的优点，刀法细腻，构图严谨，气韵生动活泼，线条流畅，刚柔兼济，作品富故事情节，讲究生动传神与情趣；强调刀工，讲求新意，推陈出新，有较强的视觉冲击力。

惠州古城不大，但装裱字画业十分昌盛，直到新中国成立初期，在法院前街桥头子一带还在维持营业的有"苑雅斋""绮云阁"等，著名裱画师有黎瑞南、钟誉成、王树等，一直坚守到裱画师逝世才停业。惠州"苏裱"最早由苏州引入，又因掺杂本地技法，裱工日益精湛，因而称之为"苏裱"。

惠州书画装裱

讲古论今

苗氏家族与清朝中营守备府

中营守备府是清朝驻扎惠州城28个军事机关唯一的遗址，是惠州史上作为边陲重镇的实物见证。据光绪《惠州府志》载，清康熙元年（1662）八月，广东提督军门进驻惠州城，设标下左右翼游击四员。中营守备府驻扎在现北门大街25号。

中营守备府原是明朝官府建筑，占地5600多平方米，分三部分：第一部分为"箭道"，是守城士兵练武骑射之地；第二部分为守备及随员办公的府街；第三部分为后山，实为梌山的一部分，植有花果树木，筑有亭台楼阁，花香鸟语，绿荫如盖，名曰"宜园"，为军官及随员小憩之所在。

苗氏先祖苗之英从浙江东阳奉圣谕赴惠任左营游击（正三品），家眷随之南迁，居"箭道"右侧民居。之后，苗氏代代戍边至清廷倒台，最终成为根植鹅城的惠州人。1911年辛亥革命推翻清政府。国民政府拍卖清廷官方财产，苗氏族人幸而获得拍卖权，购得中营守备府府衙及"箭道"、宜园所辖范围，随之进行修缮入住，此称"新苗屋"。

（三）金带街历史文化街区

金带街历史文化街区位于惠州市惠城区桥西街道，街区东起滨江西路，西至环城西路，南起塘尾街，北至朱紫巷、六角巷、秀水湖。保护范围面积10.6公顷。

明代以前，金带街尚未建街，仅为惠州城外的居民点。明洪武二十二年（1389），惠州知府万迪大规模扩建惠州府城，金带街由此扩建形成。明清时期，有不少文人雅士居住于此，同时，此处还是各地应试考生聚集之地，街上设有张家祠、姚家祠、何家祠、古家祠、卢家祠、杨家祠、廖氏家祠等，专供参加考试的书生住宿备考之用。与此同时，专为考生提供书、笔、墨等文具的街道也应运而生。民国时期金带街仍有诸多大户人家居住，如张友仁、余道元、陈紫等多位历史名人都曾在此生活居住。新中国成立后，金带街曾出现由居委会创办的企业，因此形成一定的商业氛围。

金带街既是商街，又是学馆，街内遍布袖珍小店、学院祠堂、家

金带街街景

金带街

族故居，生意兴隆，书声琅琅，从金带街著名学馆宾兴馆里走出来进士6人、举人78人。金带街是一条商贾云集、文人荟萃的历史文化老街，有功成名就，金带围腰的寓意，同时有着"东江华侨统一战线"的历史荣光。金带街的历史沉淀离不开宾兴馆。宾兴馆建于清道光八年（1828），是清代惠州各乡绅士为资助本地生员参加乡试、会试而建的试馆。据馆内现存《宾兴馆条约》碑记载："我邑初建此馆，原为赁息，以资科费。"馆取《周礼》"以三乡教万民而宾兴之"而名。整座建筑结构严谨，布局合理，较为完整地保存了清道光初年的建筑风貌，为人们研究封建社会的科举制、道德教育，以及研究继承古代建筑技艺提供了较高价值的实物资料。该馆1990年7月被公布为惠州市文物保护单位。

　　金带街为惠州的"九街十八巷"之一，历史上是文人荟萃、文化兴盛的古街，也是惠州崇文重教的缩影。

　　街区内街巷格局十分完整，历史建筑保存良好，以清代、民国时期的宅邸、祠堂等建筑为主。2020年4月9日，金带街历史文化街区经广东省政府批准，成为第一批广东省历史文化街区。

　　金带街历史文化街区内历史街巷共有16条，以金带街与金带南街为主轴，叮咚巷、标兵巷、淘沙巷、朱紫巷等其他街巷为辅，呈鱼骨状肌理。目前，金带街内仍有不少祠堂、书院以及名人故居，并发展成为惠州古玩一条街，较好地保持了古城风貌。

　　金带街历史文化街区内现有10处惠州市文物保护单位、11处历史建筑以及大批传统风貌民居建筑。其中，宾兴馆位于惠城区桥西街道尔雅巷社区金带南街10号。据《宾兴馆碑记》记载，宾兴馆建于清道光八年（1828），坐西北朝东南，由二进庭院和两横屋组成，建筑平面呈长方形，建筑占地面积约1100平方米。宾兴馆中轴为阔三间、深二进的清代建筑布局，为硬山顶屋面，博古灰塑屋脊，梁架为穿斗与抬梁式相结合，正门有驼墩及斗拱雕刻。整座建筑结构严谨，布局合理，较为完整地保存了清道光初年的建筑风貌。墙壁上镶有《宾兴馆碑记》《宾兴馆条约》石碑，是研究清代建筑技艺及科举制度难得的实物资料。

　　在非物质文化遗产方面，惠州市非物质文化遗产惠州剪纸和惠州书画装裱技艺也对金带街历史文化街区有影响。

宾兴馆

金带街一景

讲古论今

黄氏和黄氏书室

环城西路36号是归善县（今惠阳区、惠东县、惠城区、深圳市部分地方）黄氏的祖祠，建于清道光壬寅年（1842），后改为黄氏书室。

黄氏是归善县的大姓，历代人才辈出，黄家祠尚存石碑两方，一为清道光壬寅年（1842）创建祠堂时由黄氏嗣孙、举人、龙门县教谕黄彬撰写的《归邑黄氏建祠序》碑，一为民国16年（1927）的添入牌位碑。此两方石碑是人们研究归善县黄姓人源流、分布、族规族例的很好史料。1990年7月，黄氏祖祠被公布为惠州市文物保护单位。

（四）水东街历史文化街区

　　水东街历史文化街区位于惠州市惠城区桥东街道，东起东江沙路，西至西枝江边，南起上塘街，北至滨江东路。保护范围面积9.9公顷。

　　水东街历史悠久，有史料记载的历史可追溯到北宋时期，明代惠州名士吴高撰写的《修惠州府路记》记载，"耆老善士告予曰，昔水东地势低洼，宋守钱酥筑平直，郡人便之，为立思德坊"，并成为沟通惠州府城和归善县城的重要通道。据《惠城文史资料》记载，当年水东街上有上百家商号，较有名的有：宏泰布店、永泰布店、大众商店、亚东苏杭店、恒升苏杭店、广寿堂药材店、怡和隆烟丝店、益生隆、全和五金店、天成金店、黄惠和金店、瑞成陶瓷店、裕昌杂货店、东益咸鱼店、顺安山货店、大德土纸店等。

　　清末民初是惠州商业鼎盛发达的时期，各省商贾云集，是水东街被称为"旺地"的最好诠释。水东街依东江、西枝江而建，码头、商会、店铺林立，具有航运货物停留、中转、仓储、销售等功能。临街的骑楼构造极为讲究，绝大部分是一楼一顶，各式的西洋屋顶壁面后，是传统

水东古街

中式"金"字形瓦顶。有的骑楼高达
3层，长达40—50米，气势不凡。那
时，鳞次栉比的骑楼，各式各样的客
栈、商店、银楼、作坊、药店，来来
往往的商旅，绘就一幅近代的《清明
上河图》。现在，临街的骑楼虽已破
旧，却形象记录了惠州从一个古老的
城镇发展为繁华都市的故事。

水东街历史上是沟通惠州府城和
归善县城的重要通道，东江流域重要
的商贸集散地。目前，街区保存着完
整的惠州岭南特色的民国骑楼商业

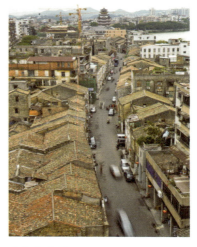
水东街鸟瞰

街，并延续了自明清以来的商业功能。水东街不仅见证了惠州商贸的发
展与繁荣，同时还记载了抗日战争时期日军在惠州的暴行。2020年4月
9日，水东街历史文化街区经广东省政府批准，成为第一批广东省历史
文化街区。

水东街历史文化街区内街巷格局十分完整，历史街巷共有10条，主
要以水东街为主骨、以垂直街巷为血脉。历史建筑保存良好，以清末及
民国时期的民居建筑为主。目前，水东街内仍有不少商铺为"竹筒屋"
建筑，并发展成为惠州商业街，较好地保存了街区风貌。

水东街历史文化街区内现有10处惠州市文物保护单位、11处历史
建筑以及大批传统风貌民居建筑。其中，瑞成楼位于惠城区桥东街道新
建社区水东西路42号，据《惠州文物志》记载，点翠陶瓷店为1928年
改建水东街时建，原称"瑞成"，20世纪70年代改为点翠陶瓷店，该
店为四层砖木混凝土混合结构楼房。前部分以勾连搭卷棚式屋而增加深
度，设留楼井、广铺明瓦以采光；后部建钢筋混凝土楼以通风，科学而
合理，为"竹筒屋"建筑的范例，对研究惠州民国时期"竹筒屋"建
筑特点具有较高的价值。1996年，瑞成楼被定为惠州市市级文物保护

单位。

水东街历史文化街区东平窑青白瓷传统手工技艺和惠州菜制作技艺入选了惠城区非物质文化遗产。

北宋时期，惠州东平窑与广州西村窑、潮州笔架山窑并称北宋广东三大民间民窑。东平窑品种多，质量高，工艺精，产量大，且具有一定的创新能力，印证了宋代惠州以制瓷工艺技术为代表的手工业生产的发达。它突显出惠州成为东江流域瓷器生产的居首地位，并以此反映了北宋惠州东平窑作为广南东路"海上丝绸之路"瓷器贸易之青白瓷重要的原产地的确凿事实。

惠州菜是东江流域饮食文化的重要代表，是东江菜的重要支系，主要分布流传于惠城区。因传播地区主要在粤东客家地区，吸收了客家菜的特色。其菜系以取自然食材为主，新鲜清淡，原汁原味，注重滋补，保健养生。饮食原材料以三禽三鸟、河鲜、时蔬为主，以焗、蒸、焖、炖、白灼、煎、炒为主要烹饪手法，加上酿、拌等制作手法，以保持食物原汁原味原样为原则，根据春夏秋冬及不同气节、时令变化菜式，以达到以食养生、以食保健的目的。

惠州菜的代表菜品有东江盐焗鸡、酿豆腐、酿春、鸡油糖丸等，以高记惠州风味楼等食肆为主要传播场所。

讲古论今

世宝堂

世宝堂的记载最早见于乾隆四十七年（1782）的《重塑神像碑记》，石刻上有"世宝堂"之名，可见这家药店在清代康乾时期已开张，到民国时期已是家名副其实的百年老店。至民国期间，水东街上有世宝堂、致和堂、恒春堂、广寿堂、广生堂等多家药行，除世宝堂外，广寿堂也是水东街上的大药行。

（五）铁炉湖历史文化街区

铁炉湖历史文化街区位于惠州市惠城区桥东街道，东起原卫校宿舍，西至东江码头，南起铁炉湖，北至东江驳岸。保护范围面积8.0公顷。

明清时期，府城分为军城、民城两部分，明万历三年（1575）东平民城的建成和明万历六年（1578）的府县分置，形成了惠州城市一府两地、隔江相望的"双城"格局。据雍正《归善县志》记载："县故在东郊白鹤峰下，至元间盗发徙入府内左掖，陋甚，故址遂为邑庠，已复庠于其东而署为河泊所"。铁炉湖历史文化街区位于明清归善县城内。

南宋绍兴年间，任礼部尚书郎兼资政堂赞读的陈鹏飞，因忤逆奸相秦桧被贬逐惠州舍人巷（今桥西都市巷），又遭当地官员逼迁至"铁葫芦"塘畔聚族而居，其后代在此地繁衍传承。因讳"葫芦"与"俘虏"谐音，陈鹏飞将其改称"铁炉湖"。自此，"铁炉湖"名称沿用至今。明万历六年（1578），陈鹏飞后代因督造城墙有功，获赏铁炉湖。陈

铁炉湖古街

159

氏一族利用筑城余砖剩石，修筑铁炉湖堤岸与路面，形成现存的街巷格局。北部白鹤峰至钓矶石（东江）小道，是东坡前往东江钓鱼的路径，也是后人十分重要的记忆载体。

历史上铁炉湖是东坡前往东江钓鱼的重要途经地，清末归善县街道风貌遗存街区。目前，街区保存着明清时期居民区的特色。铁炉湖不仅是东坡文化的重要记忆载体，同时还为研究惠州明清民居、街道布局以及宗教源流、宗教信仰提供了实物资料。2020年4月9日，铁炉湖历史文化街区经广东省政府批准，成为第一批广东省历史文化街区。

铁炉湖历史文化街区内街巷格局十分完整，历史街巷共有5条，以铁炉湖、和平直街及和平横街"一街两巷"为主要街道构成三角状骨架。历史建筑保存良好，以清末民居建筑为主。目前，铁炉湖街区北侧民居房屋低矮，布局深远，均为三进院落四合式布局，后厅后面皆设有花园，园外为城墙，大部分房屋基础、门墩、柱础使用红砂岩石材。

铁炉湖历史文化街区内现有4处惠州市文物保护单位、2处不可移动文物、10处历史建筑，以及大批传统风貌民居建筑。其中，铁炉湖裘屋

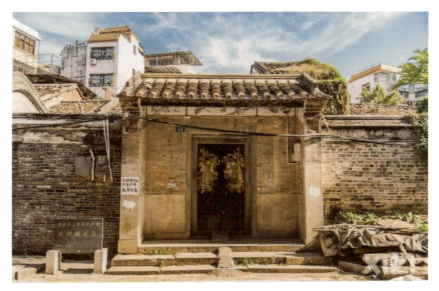

裘屋（由西湖子畔提供）

位于惠城区桥东街道和平直社区铁炉湖19号。据《惠州文物志》记载，裴屋建于清代。砖木结构，硬山顶，阴阳瓦，红砂岩墙脚，青砖墙体，门墩、柱础、石阶及屋脊灰塑均使用红砂岩。前院置有门楼，门楼设屏门；前堂左右设耳房；中堂置花罩，正中设神龛，左右有厢房。各堂之间有天井，各进之间以廊房连接，中堂与后堂之间廊房设有一横巷通往左右两边房屋。裴屋为本地较有特色的清代建筑，对于研究古民居有一定参考价值。

讲古论今

东坡与朝云传说

苏东坡被贬至惠州时，年近花甲，妾侍王朝云始终如一，追随着苏东坡长途跋涉到了惠州。苏东坡深有感叹，曾作一诗：不似杨枝别乐天，恰如通德伴伶元；阿奴络秀不同老，无女维摩总解禅。经卷药炉新活计，舞衫歌板旧姻缘；丹成逐我三山去，不作巫山云雨仙。

清嘉庆六年（1801），太守伊秉绶修朝云墓，补书苏轼所作墓志铭，刻石征文。当年孤山的栖禅寺已不复存了，朝云墓、六如亭也几经修建。20世纪80年代，东坡纪念馆在孤山上建成，东坡雕像矗立馆前，东坡与朝云，再一次在孤山相遇。东坡与朝云的传说与遗迹也成为惠州西湖不可或缺的一部分。2018年，东坡与朝云传说入选惠州市第七批市级非物质文化遗产名录。

（六）淡水老城历史文化街区

淡水老城历史文化街区位于惠州市惠阳区淡水街道，东起白云五路，西至淡水河，南起崇雅路，北至东门街。保护范围面积76.7公顷。

早在远古时期，先民们在淡水河边渔猎耕织，繁衍生息。晋代时已有圩集，淡水居民和渔民共处往来，渔民们以海产品换取粮食、蔬菜及日用杂品，久而久之，淡水便成市集。北宋元丰三年（1080），已有关于"惠州归善淡水一盐场"的记述，此时的淡水拥有"水口巷"和"下鱼街"两大盐仓，"贡盐"由淡水河运送至京都，形成以盐业、渔业为主导，农、商、手工业全面发展的局面。到了清乾隆初期，淡水才形成较大的集镇，并改名为"淡水墟"，设立"司署"和盐大使，圩市设在上下淮（今淡水桥头市场一带）。

咸丰初年，形成猪行街、大鱼街、米街、灯笼街等商品交换专业街道。杂货街主要经营苏杭布匹、山货竹木，中间许多摊档经营日用百货。泰和街零售商贩较多。三盛街是苏杭布匹商店集中地。抗日战争时，淡水成立了东江解放区第一个抗日民主政权，成为抗日战争时期香港至内地物资运输的主要通道。新中国成立后，淡水作为惠阳县政府驻地，成为惠州东南地区的政治、经济、文化中心。

淡水老城"依河而生，因渔盐而盛"，"内通广惠，外连港澳"，是东江流域最繁华的商贸集镇之一。淡水老城保存着东江流域最悠久的以渔盐业为主体的圩镇文化，是东江流域传统商贸、近现代革命历史文化以及惠阳地区客家民居和文化教育传承的重点街区。2020年4月9日，淡水老城历史文化街区经广东省政府批准，成为第一批广东省历史文化街区。

淡水老街历史文化街区内街巷格局十分完整，历史街巷共有72条，呈现以九头王街为中心的蛛网状整体街巷格局。文物古迹遗存丰富，建筑风貌保存较好。文物古迹包括文昌庙、崇雅书院、壶园、邓仲元旧居、淡水祖庙遗址、淡水城墙遗址、魁星楼、广义会馆、两秀新居和珍合楼等10处不可移动文物。历史建筑涵盖庙宇、民宅、宗祠、会馆、书院、茶楼等多种类型。目前，街区整体风貌控制较好，西北部桥头市场一带集中体现了传统商业建筑风貌，东部体现了客家民居风貌，南部则突出体现了书院建筑风貌。

淡水老城历史文化街区内现有10处不可移动文物、104处历史建筑以及大批传统风貌民居建筑。其中，文昌庙位于淡水街道红星社区永兴巷口，建于清道光十六年（1836）。据有关历史文献记载，清朝"铁笔御史"邓承修告老还乡创办崇雅书院时，曾将文昌庙作为教室使用，因而它也是淡水最早的学堂。2004年被公布为市级文物保护单位。

淡水老城历史文化街区淡水客家凉帽制作技艺入选了惠州市非物质文化遗产。戴凉帽是客家人的一种穿戴习俗，北宋年间有苏东坡的"苏公笠"的记载，至今约有1000年的历史。淡水客家凉帽是用薄薄的竹篾片编织而成，外形颇似平坦的竹编米筛，凉帽的中间镂空，边上缝布，帽檐四周垂挂着12厘米来长的彩布，未婚的姑娘还要在垂布的两端挂五颜六色的彩带，彩带是客家女性婚否的标志。凉帽除了有遮阳、防

惠州凉帽

雨、防尘的功能外，亦是客家妇女独特的头饰，历来为当地客家妇女所喜爱，具有浓厚的地方特色。

讲古论今

邓仲元与其故居

邓仲元（邓铿）于1885年12月27日出生，7岁时随父亲到惠州府淡水墟经商落户。1901年筹划广州起义。辛亥革命爆发后，是光复惠州的功臣之一，并创建了粤军第一师，邓演达、叶挺等著名将领均出自其门下。1914年后，一直是孙中山的得力助手，打了无数的硬仗。邓仲元逝世后，被孙中山追赠为陆军上将，葬于黄花岗七十二烈士墓之侧。邓仲元旧居位于惠阳淡水老城，是广东省级文物保护单位，建于清朝末期，房屋主体坐北向南，是一座两层砖木结构、瓦块天面的东江客家民居。房子布局呈独特的"7"字形，融合客家、广府以及西洋建筑等多种元素。

邓仲元旧居

九、石峡遗址　民族荟萃
——韶关

（一）名城简介

韶关位于广东北部，北江上游，浈水和武水的交汇处，扼南岭交通孔道，外接湘赣，内连粤港澳大湾区，自古是中国北方及长江流域与华南沿海地区最重要的陆路通道，被称为广东的北大门，历史上是粤北地区的政治中心和兵家必争之地。

韶关历史悠久、文明古老。马坝人（岭南发现的最早人类化石，距今约12.9万年）和石峡文化（距今6000—2700年）证明韶关地区是我国人类起源的重要地区。战国时期，属楚国南境。秦时隶属南海郡，后赵佗割据岭南，建南越国，韶关之地属之。汉武帝元鼎六年（前111）在曲红岗设置曲江县，属桂阳郡。隋代改设韶州府，唐为韶州治。五代南汉移治今韶关市。此后元、明、清皆为韶州路、府治等。1547年在曲江县武水边开设税关（名遇仙桥关），始称韶关。民国时，曾为广东省临时省会。1949年11月，在曲江城区设韶关市。1975年，韶关市升格为地级市。1988年以后，根据国务院批示，韶关行政区划进行调整，此后乐昌、南雄两县改为县级市，总体确定了韶关三区八县市的行政

20世纪60年代的风采浮桥（又称东河桥）

太平桥

西河浮桥

韶关府学宫大成殿正面

格局。

　　韶关"据五岭之口，当百越之冲"，是古代中原文化和南方百越文化交汇之地、客家文化的聚集地、马坝人的故乡、石峡文化的发祥地、禅宗文化的祖庭、一代名相张九龄的故乡，也是岭南文明初期氏族、部族文化发展的重要地区；同时是广东"青铜文化"的起源地之一，南雄珠玑古巷是广府文化的发祥地和广府故里。韶关两千年的地方行政区划和自然环境特殊性，孕育了韶关地区独特的文化背景和地域特色，形成了特色鲜明的区域文化——"韶文化"，韶文化主要由石峡文化、姓氏迁徙文化、禅宗文化、韶乐文化、瑶族文化、红色文化和古道文化等极具地方特色的本土文化构成。

　　作为禅宗弘法的祖庭圣地、南北交流的咽喉锁钥、北伐起点和革新首城、华南重工业城市范例、岭南文明的人文高地，1996年韶关市被广东省人民政府公布为第二批省级历史文化名城。

　　韶关老城整体选址依山临水，充分体现了古代山水环境与城池建设完美融合的思想。城内街巷建筑布局以风度大街（今风度路）为中轴线，形成一城八门（望京门、子城门、迎恩门、青来门、闻韶门、阜民

风采楼

门、文明门、镇越门）、七楼八阁、鱼骨状街巷的传统格局；"城看水、水看城""城看山、山看城"是韶关市的主要特色景观视廊，反映了古代营城对山水景观的利用，对于研究中国古代围水营城有一定的价值。韶州府城既是南韶连道驻地，又是韶州府城及县城驻地，且北侧清平市为韶关最早、延续时间最长的农（商）贸圩市之一，可说是军政商合一，具有独特的研究价值。

韶关老城内包含17处文物保护单位（其中省级文物保护单位1处，市、县级文物保护单位9处，尚未核定为文物保护单位的登记不可移动文物7处）、21处历史建筑，以及广富新街—升平路历史文化街区。

韶关有民俗瑶族盘王节、传统戏剧粤北采茶戏、传统美术瑶族刺绣、传统舞蹈龙舞（香火龙）、传统音乐瑶族民歌5项国家级非物质文化遗产，还有省级非物质文化遗产24项、市级非物质文化遗产72项。其中韶关老城内有国家级非物质文化遗产1处：粤北采茶戏，省级非物质文化遗产1处：舞春牛，市级非物质文化遗产6处：隆盛酱油酿造技艺、"张氏"猫公狮、犁市划龙舟习俗、丹参膏、浈江张氏木雕艺术、犁市胡氏蔡家拳。

韶关古称韶州，因韶石山得名。历史上的韶州被誉为"岭南名郡", 有着2100多年的城市历史, 历代名人辈出, 自古被称为"将相之乡", 唐至清代出进士194名, 孕育了以唐代名相张九龄、宋代名臣余靖、明代抗倭名将太子太保陈璘、清代文学家廖燕、抗日名将薛岳、铁军创始人张发奎等为杰出代表的大批历史名人。

明清两朝在今韶关老城设关收税, 韶州成为当时广东的两大税关之一, 故俗称韶关。韶关老城内曾有一座千年书院——相江书院, 是广东四大书院之一。民国时期, 韶关作为广东省政府所在地兴建的商业街, 曾经是商业兴旺地, 广府商人兴建的广富新街, 号称当年韶州城内最阔绰的一条街道, 也是韶关现存最为完整的一条老街道。

韶关因其特殊地理位置和战略价值成为新民主主义革命时期革命活动的重要场所: 1922—1924年, 孙中山曾在这里组织北伐, 推翻北洋军阀政府; 朱德、陈毅率领的南昌起义部队曾转战韶关, 取得了坪石大捷。土地革命战争时期, 毛泽东、朱德曾在这里指挥红军取得了水口战役的胜利; 仁化石塘村双峰寨曾爆发了"广东农民暴动中最伟大的战斗"——双峰寨保卫战; 1934年10月25日—11月14日, 中央红军长征先后进入广东南雄、仁化、乐昌三地, 顺利突破敌人设下的封锁线。抗战时期, 韶关成为广东省的战时省会, 并爆发了粤北会战。韶关境内至今仍保留着十分丰富的革命文化遗产。

广东省立第三师范学院(后改称"韶州师范")即相江书院原院址

169

（二）广富新街—升平路历史文化街区

广富新街—升平路历史文化街区位于韶关历史城区的核心区域，西起西堤北路，东至浈江沿岸，南至中山路，北到太傅街帽峰路。保护范围面积33.4公顷。

韶州古城在建中洲小岛（于浈、武二水交汇处）以前，有过两次迁徙，初在浈水以东，后徙武水以西，城址经三次变迁，最终以中洲小岛为核心，沿着浈、武两江向周边全面发展。后梁乾化元年（911）将河西故城移至中洲小岛，主要迫于两方面的考虑：一是城市防灾。选择城基较高地区建城以防水患，并修筑河堤城墙。二是交通格局的转变。中洲小岛处于北江支流浈、武二水交汇处，可谓占据交通之要冲，尽享两江之便利。以后上千年，韶州古城址均未有明显变动。

广富新街—升平路历史文化街区是韶关最早、延续时间最长的农（商）贸圩市，无论是建筑特色还是街区的格局都具有重要的历史研究价值。韶关最具特色的"大老板街"——广富新街是街区乃至韶关市区

广富新街正门

广富新街街道

风貌保留最好、建筑最具特色的百年老街。升平路以及峰前路两侧的民国时期骑楼建筑是目前韶关保留最为完整的骑楼建筑群。2021年3月，浈江区广富新街—升平路历史文化街区被广东省人民政府公布为第二批广东省历史文化街区。

广富新街—升平路历史文化街区是历史城区"六山三水、一轴两环"保护结构中的"一环"，即升平路、广富新街、东堤横路、峰前路传统文化展示环。以"一市（清平市）、一街（广富新街）、两关（太平桥关、旱关）、骑楼建筑群"为代表的关口商贸文化，体现了韶关作为五岭南北交通咽喉的核心价值。风度路城市轴线以及文庙、府衙等沿轴线分布的重要传统公共设施充分体现了韶关古城的传统城市结构。

广富新街—升平路历史文化街区内现有2处韶关市文物保护单位（即广富新街建筑群与广州会馆）、升平路3号民居等18处历史建筑、群众巷25号民居等85处传统风貌建筑、11处传统街巷（广富新街、升平路、群众巷、峰前路、中山横街、石塘街、东堤北路、东堤中路、

广州会馆正门　　　　　　　　　　广州会馆月门

中山路、北直街、风度北路），以及百年古树、巷门等9处历史环境要素。韶关市区内设立最早、规模最大的会馆——广州会馆位于旧民生路（今东堤北路）。始建于明末，清咸丰十年（1860）改建，清光绪末年改为广府会馆。民国27年（1938）10月广州沦陷，国民党广东省政府迁韶关，广府会馆成为当时广府人在韶的联络处。广富新街建筑群由广州会馆（原广府会馆）于民国4年（1915）创建。广富新街街道长不到100米，宽不到4米，两边排列整齐、瓦脊连贯的屋宇，如同一个模型印制出来似的。屋宇的规模是仿照广州西关一带的清代古建筑图形建造。

广富新街—升平路街区的粤北采茶戏是国家级非物质文化遗产，舞春牛是广东省非物质文化遗产，而隆盛酱油酿造技艺、"张氏"猫公狮、犁市划龙舟习俗则入选了韶关市非物质文化遗产。

讲古论今

粤北采茶戏

　　粤北采茶戏是广泛流传于粤北客家地区的小戏剧种，源于明清之前福建、江西的采茶山歌和小调，后又不断吸收赣南、湘南民间花灯、花鼓的歌舞元素而成形，故又有"唱花灯""唱花鼓""唱大茶"等称谓。最早由客家人迁徙传入并逐渐成为地方习俗，曾有"韶南大茶""南雄灯子"及"连阳调子"三大流派，清末民初更盛极一时。现主要分布于韶关市区及其所辖各县（市）的客家地区。

采茶戏《卖杂货》

舞春牛

　　浈江区犁市镇的舞春牛，以舞蹈、对白为主，乐队伴奏为辅，表演形式轻松、诙谐、生动。人们通过舞春牛，寄托新年祝福，祈求新的一年风调雨顺、丰衣足食、六畜兴旺。2006年，舞春牛被列入广东省第一批非物质文化遗产名录。

舞春牛

隆盛酱油

　　隆盛酱园始建地址位于浈江东堤百年老街，酱园至今仍保留着清光绪年间的古木楼梯。隆盛酱油酿造技艺承袭原始的广式高盐稀态手工酱油酿造方法，经三代传人多年的技艺改进，至民国初年大成。2016年，隆盛酱油酿造技艺被列入韶关市第六批非物质文化遗产名录。

"张氏"猫公狮

　　"张氏"猫公狮是由传统舞狮延伸出来的，其动作是狮子的一举一动学着猫公形态，活动内容主要有拜神、开盘、唱狮头歌等项目。2016年，猫公狮被列入韶关市第六批非物质文化遗产名录。

（三）曲江区白土镇历史文化街区

白土镇位于韶关市曲江区西南部，白土镇历史文化街区处于北江、龙归河、马坝河三河交汇处，街区距离韶关市主城区约15公里，距离新区约9公里，距离曲江区中心约8公里。规划范围根据保护实际需要划定，北至船厂，南至下乡村北部，东临北江，西至白土中心小学外。保护范围规划面积约34.37公顷。

印度高僧智药三藏游北江，建议地方官奏请南朝梁武帝建"宝林寺"，天监三年（504）建成。唐代禅宗六祖慧能在白土设白佛寺下院（现上乡村委会），宋朝修虎鞭塔镇江对岸的虎榜山。宋至元末明初，岑姓族群从江西樟树迁徙于此处立村。此后，邓氏从福建迁入，于岑氏古村西部建村，岑氏扩建至永芳里。此外袁氏、黄氏陆续迁入。元末明初，白土街（墟市）自南部北移至此。明清时期，附近沿北江共设8个码头，中大街、市场街沿线逐渐形成繁华商业街市。清代中期，码头附近兴建前店后仓的河边街。民国在此设乡，河边街成为商船往来交易的集散地，古村与码头联系日益紧密。1961—1977年行政建制为白土公

白土镇街景

175

社，拆关帝楼建忠字楼，北部修建粮所、碾米厂、船厂，兴建礼堂、供销社等一系列公共设施和生产设施。20世纪八九十年代后，因公路运输迅猛发展等因素影响，北江水路运输相对萎缩，码头商贸功能逐步弱化。

白土镇是具有悠久历史、现存完整的北江上游明清圩镇与客家多姓村落相结合的聚落体，是粤北水运古道作为历史上南北之间商贸枢纽、文化传播通道和客家人迁徙通道的典型代表，其繁华商贸水运留下的古街、古码头、古牌坊、古门楼等建筑是韶关作为粤北首镇的历史见证，在粤北古道文化中具有典型意义，体现了韶关作为五岭南北交通咽喉的名城核心价值。2021年3月，曲江区白土镇历史文化街区被广东省人民政府公布为第二批广东省历史文化街区。

白土镇历史文化街区现存街巷的空间总体特色为"干字骨架，东西延伸"。街巷骨架由中大街、市场街与河边街构成"干"字形骨架，街巷以线性为主，密度不大，形成"梳式"布局，街区平均宽度3.32米。随着时代的变迁，白土镇历史文化街区的铺地材料也随之变化，从鹅卵石铺地、青砖铺地到水泥铺地，见证着历史的发展。

白土镇历史文化街区内现有9处文物保护单位、37处历史建筑以及

白土镇骑楼街

121处传统风貌建筑。包括河边街、市场街、忠字楼、虎鞭塔遗址、岑屋门楼、3座清运码头等。其中，文物保护单位分别为：（1）白土码头群（关帝、衡昌、公昌、李屋码头），在明清时期为商贸集散地，开埠水运，古有"八大码头"之称，可见白土的商贸水运的繁荣，2020年9月被公布为韶关市文物保护单位。（2）忠字楼，原址是一座关帝楼，关帝楼码头以此得名，1972年拆旧建新，改名为"忠字楼"。它是"文革"期间白土人民表示忠于毛主席、忠于共产党所建的纪念性建筑。2020年9月被公布为韶关市文物保护单位。（3）岑屋门楼，是曲江唯一保存下来的镬耳山墙门楼，平面呈长方形，硬山顶，前后檐为天花板结构，门有门当，石灰岩门墩和木门，屋面镬耳山墙。（4）邓屋坪宗祠，是传统的礼制与宗法观念的象征，平面呈长方形，青砖墙，硬山顶前檐为卷棚式天花板样式。（5）邓屋坪民居，建于清宣统二年（1910），总体布局为四纵相排，互不相通结构，青砖硬山顶，平面呈长方形。2016年7月被公布为韶关市文物保护单位。（6）邓屋坪水井，是清代水井，坐南向北，井栏用一块青石凿成，留有村民打水绳索摩擦的痕迹，井壁用青砖错缝砌成。

忠字楼

曲江区白土镇历史文化街区内的非物质文化遗产包括白土陶瓷、白土月饼、由坪腐竹、白土虱婆声等。

讲古论今

白土陶瓷

白土镇因土质都是白泥而得名，有着丰富的白泥资源，据考古资料分析，从唐代晚期至五代间就有人在白土开窑烧陶缸、砖、瓦等日用陶瓷，白土陶瓷盛于宋代，旺于明清至20世纪70年代末。

白土月饼

白土月饼早年在韶关就知名，不亚于广州莲香楼月饼，由于没有得到产地保护和政府引导以及宣传、包装，加上资金的投入、技术更新等的缺乏，这几年白土月饼默默无闻。

由坪腐竹

由坪的手工腐竹，是韶关知名品牌，可惜缺乏宣传和包装，没有做强做大此产业。

白土虱婆声

白土虱婆声是粤北山区最具代表性的方言，亦是一种濒危方言。《中国语言地图集》称之为"韶关土话"。粤北土话内部差别较大，与周边的客、粤方言及西南官话都有一些共同的特征。相传以虱婆声为主的为马坝人后裔。

（四）南雄市珠玑镇珠玑古巷历史文化街区

珠玑古巷历史文化街区位于南雄市中部珠玑镇区东侧，包括珠玑街两侧传统风貌建筑群、黄茅巷、沙水湖、棋盘街、马仔（麻糍）街等重要的历史文化资源，以及大雄禅寺、珠玑大道沿街建筑和周边农田等自然环境。保护范围面积76.86公顷。

珠玑巷本叫敬宗巷。据《直隶南雄州志》、清代屈大均《广东新语》和中山黄慈博《珠玑巷民族南迁记》的记载，珠玑巷得名，始于唐张昌。张昌家族七世同居，唐敬宗宝历元年（825），朝廷为表彰其孝义，赐珠玑绦环以旌之。为避敬宗庙谥，敬宗巷便改称"珠玑巷"。珠玑巷得名有千年历史，因此人们称之"珠玑古巷"。

秦末，赵佗割据岭南建立南越国，珠玑又属南越国北面边境。西汉元鼎五年（前112）汉武帝平定南越国，珠玑地区"以曲江隶桂阳"，元封五年（前106），属桂阳郡。三国两晋时期，珠玑所属行政范围频繁变换。隋朝时期废始兴郡，珠玑地区重新归属岭南的南海郡。唐武

珠玑古巷

179

德四年（621），珠玑地区属浈昌县。宋代大庾岭路发展鼎盛，沙水镇（珠玑）商贸往来繁盛，地位提升，政府在沙水镇曾设置沙水驿、沙角巡司。明朝沙水镇属红梅司灵潭都、修仁都。清代属灵潭一都、灵潭二都、上北一都、修仁三都。近六十年来，除镇区建设活动较多外，珠玑古巷的肌理基本保持不变。

珠玑巷的鼎盛期是唐、宋时期。唐开元四年（716），张九龄奉诏开凿大庾岭路，拓宽路面，梅关驿道成为古代中原和江南通往岭南的大道。凡人口迁移、军队调动、商旅往来、使节访问等大都经过此道。据史料记述，珠玑巷人向南迁移的史事从唐朝开始，但重要的迁移事件主要发生在北宋末期至元代初期的二百多年间，大规模的有三次，陆续个别南迁的有一百多次。根据众多的岭南姓氏族谱记载，从珠玑古巷南迁到珠江三角洲，然后又迁徙到港澳和海外的共有180多个姓氏。唐、宋末年，中原（河南一带）内地战乱频仍，不少氏族为避战祸和自然灾害，纷纷经江西南安（大余）越梅岭南来。在古时，岭南地区为烟瘴之地和官宦贬谪之所。这些先民在兵荒马乱中，扶老携幼，历尽艰险，来到南雄珠玑巷。他们不熟悉岭南各种情况，不敢贸然再南下，只好在此安顿下来，重新创业。居住数年或数十年，他们逐渐适应了岭南地区气候和生活习惯之后，才逐步南迁珠江三角洲。故那里的许多名人望族，都把珠玑巷称为"七百年前桑梓乡"。

珠玑古巷是180多个姓氏数十万中原移民进入岭南的中转站，也是中原文化向岭南传播的一个窗口。珠玑古巷是我国三大寻根地之一，被誉为"中华文化驿站""天下广府根源"，是古代中原和江南通往岭南古驿道上的一个商业重镇，是中华民族拓展南疆的一个中转地，也是当今数千万广府人及海外华侨的发祥地和祖居地。珠玑古巷还拥有较多的红色文化资源，是南雄近代以来南雄革命志士们对革命的无限忠诚和事业必胜信念的缩影，是南雄乃至粤北地区红色文化符号的重要支点。1982年，珠玑巷被列为南雄县文物保护单位。2009年12月，南雄市珠玑镇被公布为广东省第二批历史文化名镇。2021年3月，南雄市珠玑镇珠玑古巷历史文化街区被广东省人民政府公布为第二批广东省历史文化街区。

　　珠玑古巷以珠玑街为主干，多条西北—东南向的巷道与主干相连形成鱼骨状传统街巷格局。从整体上看，珠玑巷是广东保存较好的古巷古道。古巷全长1500多米，巷道宽4米多，用鹅卵石铺砌而成。两旁民宅、祠堂、店铺栉比相连，曲直有致，弯凸自然。巷内有古楼、古塔、古榕、古桥、古建筑遗址等文物古迹。走进珠玑巷，当年的古镇风貌依稀可辨。

　　珠玑古巷历史文化街区内现有1处省级文物保护单位（即珠玑石塔）、3处市县级文物保护单位、4处不可移动文物，以及大批传统风貌民居建筑。其中，文物保护单位分别为：（1）珠玑石塔，靠近古巷南端，立在街心，重立于元至正十年（1350）。塔以17块红砂石雕刻垒叠，为七层实心石塔，塔高3.36米，基座八角形直径1.20米，刻有"元至正庚寅孟冬，南雄路同知孙朝列重立"字样，塔身刻有莲花座和佛像，塔刹为葫芦形。珠玑石塔又名贵妃塔，该塔是为了纪念南宋流落到

珠玑石塔（贵妃塔）

珠玑巷的皇帝妃子胡妃而建。该塔为广东省唯一有绝对年代可考的元代石塔。1979年12月，珠玑石塔被公布为广东省文物保护单位。1984年，为保护石塔，由县政府拨款修建护塔亭，罩护石塔。（2）珠玑古巷门楼，始建于清代乾隆年间，建在珠玑古巷南端，门楼向西南，红砂石砌基，青砖墙，中开大门。楼为三楼式，重檐歇山顶，盖绿色琉璃瓦，门拱上方石匾刻"珠玑古巷"四字，左侧一块石匾刻"祖宗故居"四字。珠玑古巷门楼是珠玑古巷的南大门，是古巷的标志性建筑。（3）珠玑楼，始建于清代初期，重修于清朝乾隆年间。建在古巷道中段，门楼前向为牌坊，三楼式，盖绿色琉璃瓦，后向设楼，楼上供奉太子菩萨神像，由右侧墙边设石阶登楼，门额石匾刻"珠玑楼"三字，匾上方竖一块石匾，直书刻"珠玑古巷，吾家故乡"。该门楼于1982年由南雄县政府拨款重修。（4）珠玑街门楼，始建于清乾隆年间，1983年重修。门楼建于珠玑巷北端，门楼为庑殿顶，盖绿色琉璃瓦，门楼向东北，门额石刻"珠玑街"三字，是1983年重修时著名书法家秦咢生所题。首层青砖砌墙，麻石砌基，由左侧后建阶级登楼。楼高8.6米，檐

珠玑古巷门楼

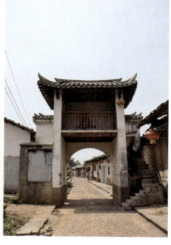

珠玑楼

柱上施斗拱出挑。

珠玑古巷街区的珠玑巷人南迁传说是国家级非物质文化遗产,龙船歌是广东省非物质文化遗产,而南雄姓氏节、萧统太子的祭祀和双龙舞双狮则入选了韶关市非物质文化遗产。

讲古论今

珠玑巷人南迁传说

珠玑巷人南迁传说主要以粤语为载体口头传承,传说主要讲述南宋度宗咸淳年间罗贵带领珠玑巷人33姓97户在胡贵妃的掩护下,逃亡南迁到南雄珠玑巷,之后辗转落户珠江三角洲地区,从而逐渐开拓岭南这片疆土的传说故事。关于珠玑巷人南迁传说的相关记载多见于历代方志、族谱、笔记、诗文等文献,还曾被改编为章回小说、粤剧、采茶戏、电视纪录片等多种艺术形式。2021年5月24日,珠玑巷人南迁传说被评为第五批国家级非物质文化遗产代表性项目。

龙船歌

龙船歌历史悠久，形式独特，在珠玑巷一带口口相传，已经流传了800多年。为了抢救、保护好这一古老的民间文化艺术，南雄市政府和市文化部门采取了多项措施拯救保护，除了将其申报为省级非物质文化遗产保护项目外，还成立龙船歌传习所，让老一辈民间艺人教唱年轻人，使龙船歌得以传承。这也是南雄非物质文化遗产保护项目里成立的首个传习所。龙船歌已在2012年被列入第四批广东省非物质文化遗产名录。

南雄姓氏节

南雄以乌迳为中心的孔江、界址、新龙、坪田、南亩、大塘、油山等镇，盛行姓氏节。一般以该族祖先的生日或对该氏族具有重大意义的日子为姓氏节日。届时，由轮值首事（头人）牵头筹办（公尝出资），设坛祭祀，抬菩萨（先祖像）出行游村，请戏班日夜演戏，各户则广邀亲朋戚友前来做客，为时三五七天，合家团圆，全族聚会，各姓亲朋相庆，祥和友爱，热闹非凡，比之春节元宵有过之无不及。一姓过节，百家联欢。姓氏节把敬祖崇先、文化娱乐、情谊交流融于一体，群众乐于参与，自古以来，盛行不衰。南雄姓氏节已在2009年1月被韶关市列入第二批市级非物质文化遗产名录。

萧统太子祭祀

萧统（501—531），字德施，南兰陵（江苏武进）人，南朝梁武帝萧衍长子。约公元530年间，萧统驻始兴郡。时年，始兴南雄一带瘟疫横行，民众死人无数。萧统太子为治病救人，在南雄城边的瑞应山（今三影塔一带）亲自上山为民寻找药物，当时这里金竹成片、林木茂盛，

萧统太子祭祀

时有貔貅出没。萧统便率官兵捉住一只貔貅，斩其角，磨水给民众治病，很快扑灭了这场瘟疫。百姓得救了，可是萧统太子却被貔貅咬伤而染上疫病，在农历五月初五端午节这天病亡。为纪念这位舍己救民的太子，珠玑巷的村民便给萧统太子塑了一个金身菩萨像，放在珠玑巷中门楼供奉，烧香祭祀，一千多年来，祭祀仪式未曾断过。萧统太子祭祀已在2018年10月被韶关市评为第七批市级非物质文化遗产代表性项目。

双龙舞双狮

双龙舞双狮起源于清朝光绪三年（1877）左右，由50人和双龙双狮组成。双龙的表演者全用高步（即站步），手舞龙把上下起伏，如跳四门、串四门等动作；双狮以鹰头狮出现，以威武矫健的舞姿为特点，如参拜神、狮舔尾等嬉耍、逗趣动作；双龙舞双狮队形变化多端，缠绕繁复，活、闹、摆的特征鲜明突出。以带头艺人舞狮头，配之以扛菩萨、装故事等形式来庆祝节日。双龙舞双狮已在2007年5月被韶关市评为第一批市级非物质文化遗产。

周群标

周群标，又名周锦帆，1901年出生于南雄县珠玑街。1926年春，周群标加入中国共产党。同年夏，受党的派遣，周群标于10月前往日本，与中国留日学生中的共产党员联系，健全党的组织。周群标在日本活动了约两个月，于12月21日由横滨乘船回国，到达广州后不久便回到南雄参加南雄党组织的建设工作。他大力支持妇女解放运动，动员妻子出来参加妇女工作，推动南雄妇女解放运动的开展，并参加领导南雄农民武装暴动。

1929年初，毛泽东、朱德等率红四军到南雄，指导周群标等人发展游击队，建立根据地，开展土地革命，并给南雄县委留下一批武器装备，南雄借此成立游击小队。5月，游击小队发展到120余人，扩大成立南雄游击大队。4月和6月，南雄县委两次改组，周群标均任县委委员。6月，彭德怀率红五军来到南雄，南雄县委率游击队配合.攻打坪岗、里溪、水口一带的民团。在此期间，游击队继续发展，南雄党的队伍也在壮大，在全县发展党员550多人。南雄的农民运动也有所恢复。周群标为这些成绩的取得作出了重要贡献。1929年11月2日，因叛徒出卖，周群标等人被捕，在受审中周群标严词痛斥国民党反动派祸国殃民的罪行。11月3日，周群标等人英勇就义于南雄城东郊五里山。

十、湾东锁钥　省港通津
——东莞

（一）名城简介

东莞位于广东省中南部，地处珠江出海口东岸，毗邻广州、香港、澳门、深圳、珠海，是珠江三角洲的重要城市之一。

改革开放以来，东莞声名鹊起，"世界工厂"闻名全球，"筑巢引凤"引领神州。再往前，中国近代史的开篇地，就在东莞虎门。若论东莞作为郡县的历史，查实也有近1700年之远，完全称得上岭南古邑。

古代东莞称得上湾东古邑、江海锁钥，于东晋咸和六年（331）设郡立县，时名东官郡，郡治宝安县，管辖地区几乎包括整个岭南东部沿海地带，囊括惠潮，远及闽南。唐至德二年（757），宝安县改称东莞县，治所从南头迁到涌（即今之莞城）。此为东莞得名之始，也是莞城建城之始。此时东莞县的管辖范围仍基本囊括珠江口的沿海地带，包括今日的香港、澳门、深圳、珠海、中山，以及广州南沙。南宋绍兴二十二年（1152），东莞在珠江口西部辖地析置香山县（中山、珠海、澳门）；明万历元年（1573），东莞在珠江口东南部辖地析置新安县（深圳、香港），此后县境基本稳定。由此可见，东莞的古代史，实

莞城新貌

可园

　　不仅是一县一市之史，也是大湾区乃至岭南东部的共同史。其辖境的变动，也是岭南开发不断走向海滨的真切见证。

　　东莞地名的由来，一说是因汉代在南海的盐官建置（东莞位于珠江口东岸），一说是因盛产莞草（海边的水草），两种说法都凸显了东莞悠久的海洋文化。莞盐和莞草，一直是古代东莞非常重要的两种资源。至于宝安，则源自东莞境内的宝山银矿。可见此地负山带海，物华天宝。

　　事实上，早在新石器时代，人类就已经选择在这里居住生活。蚝岗贝丘遗址是珠三角地区迄今为止考古发现的最早的史前人类聚落遗存，被考古学界誉为"珠三角第一村"。村头遗址则是面积最大的一处史前遗址。

　　唐代县城迁往现址后，东莞的任务，"内为省城门屏之巨防，外为海舶襟喉之要隘"，就是作为广州的东部要塞和海洋屏藩。随着宋代以降东江三角洲的不断发育，上述任务开始分解到位于东江三角洲顶点的石龙，以及珠江入海口的虎门。

　　明清时期，随着东江流域的大举开垦，石龙镇逐步发展成为东江粮米的集散地，为岭南地区最重要的商埠之一。而大航海时代葡萄牙、荷

可园新馆

兰、英国等欧洲列强对环南海地区的殖民野心，也促成了虎门要塞作为
南海卫城的不断巩固。东莞至为独特的一城两镇空间格局，基础已经
奠定。

　　近代东莞堪称华南雄阙、省港通津。明清以来，东莞先后设置了南
海卫、广东海道，"控制蛮倭"，成为粤海第一门户，在广东海防体系
中占有突出地位。180多年前，林则徐选择在东莞虎门销烟，不但有烟
土处置的技术考虑，也带有强烈的主权宣示意味。中国近代史的序幕在
东莞拉开，绝非偶然。

　　虎门销烟以来，中国近现代史的许多重要人物、事件在东莞都留下
印记。为太平天国写下《资政新篇》的洪仁玕曾到东莞塘厦避难。英国
强租新界时，凤冈雁田村曾奋起备战。辛亥革命时期孙中山的得力干将
朱执信在虎门遇害。大革命时期周恩来三次到石龙开展工作。十九路军
抗日名将蒋光鼐是东莞人。因省港营救而闻名世界的东江纵队，以大岭
山为根据地一直坚持抗战，留下了众多可歌可泣的英雄事迹。

　　香港开埠后，华南地区开始形成省港二元中心的城市格局。东莞位
于两者之间，尽得地利。清末广九铁路的修建，进一步强化了东莞的区
位优势。沿着广九铁路东莞段，石龙、茶山、横沥、常平、樟木头、塘
厦等地逐步演变为繁华市埠集镇。轮船的普及和航线的增加，则使虎门

太平镇等沿海港埠迅速崛起。莞城的发展也完全溢出城墙，形成面积更大的骑楼街市。交通的便利，促进莞籍英才在广州、香港的历史舞台上扮演了重要角色。

新中国成立后，东莞因为地缘和亲缘上的优势，成为供港物资的主要供应地。沿石马河建设的东江输水工程是其中最具代表性的项目。这一伟大水利工程，让缺水的香港人民喝到了东江水，为改革开放初期港商对东莞的积极投资奠定了重要的基础。

当代东莞可谓是开放先锋、世界工厂。1978年12月18日，十一届三中全会召开，标志着改革开放时期的到来。而东莞敢为人先，早在9月就已经成立了全国第一家"三来一补"企业——太平手袋厂。东莞最初的改革开放模式，是利用各村祠堂、饭堂、会堂，部分镇街利用影剧院、旧教学楼、旧厂房等场所作为企业的厂房或办公用地，承接来料加工，后来被总结为"三堂经济"。东莞县政府提出简政放权，多轮驱动，重心下移，促进了自下而上的农村工业化浪潮，在全省、全国产生了重要影响。

1988年，东莞经国务院批准升格为地级市，但辖境不变。当时的主政者将更多的发展和治理权限下放到各镇街。此举使各镇街具有了自主招商引资的强大能力，发展模式也从"借船出海"转变为"筑巢引凤"，从"三来一补"到外资直接投入，本地通过地租和税收环节参与再分配，将自身的区位优势发挥到极致。"筑巢引凤"使来自海外的资金、原料和来自内地的劳动力在本地自由结合，迸发出强大的吸引力和竞争力，直接令东莞在随后20年间从一个香飘四季的岭南水乡蜕变为远近闻名的世界工厂。同时，东莞也发展出了一个没有明显中心的网络型城镇空间结构，为世界城市史提供了一个特别的案例。

东莞是岭南文明重要发源地和湾区东岸古代中心，有着基于江、海、山丰富地貌的传统城镇村落体系；东莞是中国近代史开篇地和华南抗日重要根据地，襟连省港两地、人才辈出的华南都会腹地；东莞是自下而上农村工业化的改革开放先行地，是"筑巢引凤"的外向型经济模式代表地。其历史文化价值重大，特色鲜明。1991年，东莞被广东省人民政府公布为第一批省级历史文化名城。目前正在积极申报国家级历史文化名城。

东莞立县已有1600多年，县城建成也有1200多年，经明代南海卫指挥使常懿扩筑，奠定了如今古城基本格局。古典的东莞城池有山水三重：在县域层次，以大岭山、黄旗峰为砂，东江为水；在县城层次，以钵盂山为砂，到涌为水；在县署层次，以壬山为砂，癸水为水。如此气势，实远雄于一般县城。

民国时期，护城河、城墙、城楼、县衙、街巷、民居、祠堂等构成要素基本未变，城外则逐步发展成为繁盛市廛。根据民国《东莞县志》图，古县城与城外商贸区已经成为一体。

新中国成立后，东莞县衙、学官、旧仓、关帝庙、资福寺等不同时期的历史公共建筑在城市发展过程中被陆续拆除，但仍能找到其原来的位置。其中东莞旧市政府为原东莞县署位置；东莞县博物馆旧址为民国红棉山庄原位置；东莞中学为旧仓、关帝庙原位置；莞城第一小学为资福寺原位置；花城广场为学官原位置。水系方面，20世纪50年代开挖、70年代完善的东莞运河，见证了新中国成立初期人民兴修水利的热潮，是新增的历史文化要素。

以东莞古县城与城外历史商贸区范围为主要依据，综合考虑城市发展历程与建设现状，确定了历史城区的范围：东至东门路、东门广场与罗沙路，南至南城路、向阳路、可园北路、可湖路与可园路，西至东江、州面坊与珊洲街，北至光明路、振海路与新风路，总占地面积约180.22公顷。

历史城区底蕴深厚，在现存文物上亦可体现出来。岭南四大名园之一的东莞可园、见证海外贸易和廉洁自律的却金亭碑、屹立千年的金刚经云石塔、唯一保留的迎恩门城楼、沙田巨户明伦堂财产信条碑亭，还有东莞县博物馆旧址、讴歌亭、罗沙翟氏宗祠、东正报功祠、骑楼群等，无不彰显东莞的璀璨历史文化。2014年的名城规划，在历史城区

满园春色

内划定了象塔街、兴贤里、中兴路—大西路三处历史文化街区，县署、钵盂山、可园三处历史地段，以及数十处历史建筑。

石龙和虎门一直是东莞县城外历史悠久的重镇，于莞城一左一右，有龙盘虎踞之势。

石龙为国家历史文化名镇，石龙中山路为省级历史文化街区。作为东江口的总商埠，石龙镇有800多年历史，清代已与广州、佛山、顺德陈村并称"广佛陈龙"四大镇。广九铁路的石龙南桥为全国重点文物保护单位。周恩来东征演讲台、黄花岗七十二烈士之一的李文甫纪念亭、黄家山欧公祠为市级文物保护单位。

虎门为广东历史文化名镇，共有已定级文物保护单位11处。其中，林则徐销烟池与虎门炮台旧址、蒋光鼐故居、村头贝丘遗址均为全国重点文物保护单位，郑氏大宗祠等3处为广东省文物保护单位，逆水流龟村堡等5处为市级文物保护单位。

一城两镇之外，东莞因其丰富的地形地貌，可分为水乡、埔田、海滨、丘陵、山区等多个板块，其村落也呈现着不同的风貌特色。东莞有国家级历史文化名村2处，为南社和塘尾，均是埔田地区的典型广府村落；有省级历史文化名村6处，下坝、潢涌、新基为水乡村落，江边、西溪为埔田村落，黄洞为山区的客家村落，可见其多样性。

东莞拥有丰富的非物质文化遗产。国家级非物质文化遗产5项，包括东莞千角灯、龙舟制作技艺、樟木头麒麟舞、木鱼歌、赛龙舟等，代表性传承人2人；省级非物质文化遗产20项，代表性传承人12人；全市已公布两批共72项东莞市市级非物质文化遗产名录，确定34人为代表性传承人。

总体而言，东莞的非物质文化遗产以广府民系民俗为主，也体现出客家与广府的互融。广府狮舞和客家麒麟舞，就是这种互融的典型产物。两者在舞步、仪式和制作工艺上都高度相似，而客家取麒麟，主要是因为麒麟文化源出山东、河南一带，具有更加强烈的中原色彩，以之强化自我身份认同。

东莞是岭南英才辈出之地。俗语有云，"东莞拳头新会笔"。东莞地处海洋门户，盛产军政人才。元末统一广东、保境安民、归顺明朝的何真，是员岗人，被朱元璋嘉奖为东莞伯。明初在北方抵御瓦剌入侵的罗亨信，是篁村人。著名的岭南名将袁崇焕，系出东莞石碣水南村。此外还有明清鼎革之际的"岭南三忠"之一张家玉。近代，关天培、陈连升等在虎门为国捐躯，民初粤军的著名将领蒋光鼐、徐景唐、李扬敬、香翰屏等都出自东莞。

事实上，东莞悠久的耕读传统，也培育出了一批鸿儒大家。古代有邵廷玮、林光、陈建、陈琏、邓云霄等，近代有陈伯陶、张荫麟、容庚、容肇祖、邓蓉镜、邓尔雅等，为振兴岭南学风作出重要贡献。明代理学大家丘浚评论东莞："岭南人才最盛之处，前代首称曲江，在今世则无逾东莞者。"史学大家陈垣尝言近代"粤中后起之秀，以东莞为盛"。

东莞还是岭南著名的建筑之乡。这里盛产红砂岩和东莞大青（青砖），均为广府建筑的重要建材。岭南建筑学派的代表人物林克明、莫伯治、何镜堂，均祖籍东莞。

东莞也是许多著名香港商人的祖地。清末民初香港金融、保险和航运业的巨擘周少岐家族、香港保良局首任总理卢礼屏、爆竹大王陈兰芳，都是东莞人。他们早年的奋斗，为莞港的经济社会联系以及后来改革开放在东莞的开展打下了坚实基础。

讲古论今

千角灯

入选国家级非遗的千角灯，以体量之大、灯角之多，实为东莞民间艺术品一绝。千角灯继承了宋代八角宫灯的形式，集书画、剪纸、刺绣等民间手工艺于一体。灯身由多个不同的立体三角形组成，共计有1000个角，缀有1000盏灯。在东莞方言中，"千角灯"和"千个丁"语音相同，寓意百子千孙、人丁兴旺。

据邓氏《师俭堂家谱》《东莞县志》记载，南宋初，宋室南渡，皇室离散，宗室之女流落民间，被起兵勤王的东莞人邓铣收留，后许配其子邓惟汲。皇姑回忆起宫灯的式样，请县城艺人制扎千角灯，并亲手绣上"二十四孝图"灯带，人称"皇姑带"。从此宫廷彩灯艺术流传到东莞，并代代相传至今。

千角灯做工非常考究，"每隔十年扎作一次"，每次制作须耗时十个月之久。其纸扎工艺并无图纸，也无样本留传，只由师傅口传身授。整个灯分为灯顶、灯柱、灯体、灯带、灯尾五大部分。灯大，宽约3米，高约5米，有1000个角。由上垂灯带24条，长短各半，分若干节，镂空如抽丝。中有人物花鸟图案，制好后，于正月悬于莞城赵氏宗祠内供人观瞻。

2006年，千角灯被国务院确定为第一批国家级非物质文化遗产。

龙　舟

东莞水乡地区河涌密布，纵横交错，龙舟竞渡历史悠久，早负盛名。屈大均曾评价广东各地龙舟，指出"广中龙船，惟东莞最盛。自五月朔至晦，乡乡有之"。东莞赛龙舟持续的时间长，为期半个月，故称"龙舟月"。

赛龙舟表演主要有两种形式。一种形式是"趁景"，不同村落的龙舟都来参加即为"趁"，龙舟集聚的地方称为"景"。各村龙舟都只注重表演，不争名次。另一种形式是斗龙舟，也叫"斗标"，即龙舟竞渡。史志有云："自朔至望，竞渡最盛。龙舟长至十余丈，中为锦亭，画船云集，首尾相衔，乘潮下上。日暮管弦未歇，鼓镇内为巨观。"

为吸引更多人观看，同时适应各自地方的水文，各地代表商定出各村赛龙舟和龙舟景的日子。例如初一万江，初二西塘尾、道滘、斗朗、蕉利，初三卢村、大汾，初四牛涌尾、槎滘、滘联，初五新和、望牛墩、横坑，初六江南、潢涌、保安围、曲海、大鱼沙，初七湛翠、洪梅，初八小河、沥江围、马沥、北丫，初九漳澎，初十温塘，十二新塘，十三中堂，十四新村，十六麻涌。从农历五月初一起的半个月内，东莞几乎天天有龙舟竞渡、天天有"景"，五月成了名副其实的龙舟月。

东莞有盛大的赛龙舟，亦有精湛的龙舟制作技艺。东莞龙舟制作首推中堂。中堂的龙舟制作已有百年以上的历史，是东莞及邻近市县唯一有龙舟制作坊的镇区，被中国龙舟协会授予"中国龙舟之乡"称号。中堂制作"大头龙"龙舟，龙头高高翘起，气宇轩昂。东莞特有的龙舟，舟形细长，形似柳叶，有别于广州、西江、北江流域的"鸡公头"龙舟。赛龙舟前，需要制作新龙舟的家族和村落先要选好吉日吉时造龙舟。龙舟制作有选龙骨、起底、起水、打水平、做横挡、雕刻龙头、安装尾舵等一系列工序。制成后，还要举行盛大仪式庆贺。待选定吉时后，烧香拜祖，新做成的龙舟开始下水。下水后龙舟划至一个预定的地方，船头一人跳下河中，采得一把青草（故称"采青"）迅速放进龙口之中，跳头的人猛然高高地跳起，双脚在冚板上奋力一踏，全船颤动，顷刻间锣鼓齐鸣，划手们举桡奋力齐划，声势响震四方。2008年，龙舟制作技艺被列入第二批国家级非物质文化遗产名录。

（二）象塔街历史文化街区

象塔街历史文化街区位于东莞古城中心，东至东莞中学，西至新芬路，南至东正路，北至万寿路。保护范围面积约3.0公顷，其中核心保护范围面积1.1公顷，建设控制地带面积1.9公顷。

象塔街在东莞现存最早的明天顺《东莞县志》中已有记载，距今500余年。明代莞城的西门街、市桥、象塔街与东门街一线，是东莞城内最重要的交通要道，清代又在象塔街北面开辟万寿里、宣化街，成为清代东莞县城内第二条东西向干道。

依托交通要道，象塔街附近成为东莞名人望族荟萃之地，亭头陈氏、南街翟氏、县后李氏、南街邓氏都是历史上东莞显赫的宗族。该地名士辈出，文脉悠长，底蕴深厚。据不完全统计，该街区自古至今涌现进士15名、举人22名以及一大批官宦学人。他们为政为学，对东莞乃至中国产生一定影响。

今日的象塔街中南部，街巷肌理整齐划一，是清末民初房地产开发的产物。数十栋建筑都采用了中式龙船脊与趟栊门、水磨青砖、红砂岩

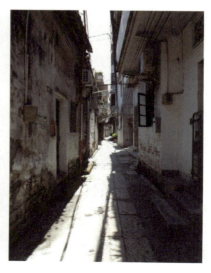

象塔街

等装饰构件与材料，是东莞城镇民居的典型代表，体现了较高的工艺水平与艺术价值。

象塔街历史文化街区是历史悠久的莞城中心地带，拥有延续至今的文教服务功能、统一规划的近代居住街坊、集中成片的莞城典型民居。2015年，《东莞历史文化名城保护规划》批准通过，象塔街成为历史文化街区。2020年4月9日，经广东省政府批准，象塔街历史文化街区成为第一批广东省历史文化街区。

象塔街保存了"小街坊、密路网"和"梳式院落、开放式街坊"的空间格局与传统民居风貌，以及陈伯陶旧居、象塔街28号等历史遗存，见证了东莞县城街坊的发展演变。其面积虽小，价值却不可替代。根据保护规划，其物质空间保护要素包括省级文物保护单位邓蓉镜、邓尔雅故居，长度80米以上历史街巷1处，80米以下历史街巷1处，历史建筑12处，传统风貌建筑1处；附近有古塔1处、石板路1条。

象塔街街区内的邓蓉镜、邓尔雅故居，为莞邑望族南街邓氏故地。南街邓氏自邓云霄（万历二十六年即1598年进士，官至广西布政使参政）起从寮步竹园村迁入莞城，其后人才辈出，有邓逢京、邓蓉镜、邓尔雅、邓章兴、邓念慈、邓寄芳等。邓蓉镜为同治进士，选庶吉士授编修，充国史馆纂修官，后出任江西督粮道，晚年到广州出任广雅书院山长。其子邓尔雅也是一代硕儒，学、诗、书、印俱精，为容庚的启蒙老师，曾在东莞中学任教。"南街邓"尤善治印，代有传人，其中出类拔萃者有邓逢京、邓尔雅等。

象塔街附近还有亭头陈氏、县后李氏、南街翟氏等望族聚居。清末民初最负盛名的东莞学者陈伯陶（1855—1930），就出生于莞城"十九巷"，光绪十八年（1892）中探花，授翰林编修，官至武英殿纂修、起居注协修、文渊阁校理、国史馆总纂。1906年赴日本考察学务。归国后，出任江宁提学使、江宁布政使，创办暨南学堂（今暨南大学的前身），并主持修纂了民国《东莞县志》。现存陈伯陶故居，又名"探花第"，为东莞市文物保护单位。

讲古论今

镇象塔与邵廷琄

象塔街之名，源自寺前街转向象塔街的街角的一座石经幢。该石经幢俗称"镇象塔"。据《岭海见闻》记载："禹余宫使邵廷琄舍宅为资福寺。寺南百步有镇象塔，南汉时，群象践踏，伤民禾稼，廷琄帅兵五百往捕，歼之，埋其骨，上建石塔以镇，周围刻心经。"康熙《东莞县志》也载："镇象塔，在资福寺前有群象害稼，官为杀之，南汉禹余官使邵廷琄，聚象骨，建石塔以镇之。"邵廷琄为东莞人，南汉开科取士"策名第一"，汉主刘铄爱其才，"俾出入宫掖，以诗歌教嫔嫱"。南汉大宝五年（962），邵廷琄捐建资福寺，随后又于资福寺前修筑石经幢，以超度大象的亡魂。

镇象塔由须弥座、幢柱、复盆、四方佛塔等组成。塔

镇象塔

身为平面八角形柱体，刻有建塔记与《佛顶尊胜陀罗尼经》，现存302字，是目前东莞发现的最早文字遗存。镇象塔现存东莞市博物馆。它的存在，证实了东莞这座古城的千年历史。

（三）中兴路—大西路历史文化街区

中兴路—大西路历史文化街区（包括中兴路、大西路、中山路及和平路等街巷），位于东莞古城与东江南支流之间，是莞城城郊西隅、北隅两大关厢的骨干区域。其保护范围北至珊洲街，东至光明路，南至振华路，西至中兴路，总面积约16.3公顷，其中核心保护范围面积约6.6公顷，主要涵盖骑楼传统建筑群及教场街、旨亭街的传统民居群，建设控制地带面积9.7公顷。

中兴路—大西路历史文化街区兴于明清、盛于民初。最初此处完全在海中，明清时期因泥沙冲积，逐渐发育为莞城与东江之间的滩涂湿地。位于莞城西门迎恩门外的旨亭街，显示当时东江岸边到莞城已形成陆路，官员在此迎接来自广州的圣旨。明嘉靖二十一年（1542）东莞县知事蔡存微所立的却金亭碑处，大概就是当时的岸线位置，也显示当时的东江边已是中外贸易的港口。由于莞城主要通过水路与广州和外界联系，此处作为水陆枢纽，区位日益重要，商业自然兴旺发达，并逐步形

中兴路—大西路鸟瞰图

大西路1号

成市镇聚落。

到清末民初，市镇聚落已经颇具规模，江岸退至珊洲河、脉沥洲一带。追随广州的近代市政建设风气，莞城也开始拓马路、修骑楼。一般而言，广东各县的拓马路、修骑楼工程都从城内主街开始，但东莞的骑楼全部修在城外区域，反映了将政治、文化、教育功能与商业服务功能分别布局的意识，侧面也可见当时莞邑士绅对历史文化的高度重视。

中兴路—大西路一带较好地保留了明清以降逐步积累而成的传统街巷肌理，以及民国时期典型的华南骑楼建筑街区整体格局、风貌，也云集了莞城绝大多数的老字号，具有较突出的历史文化价值。2015年，《东莞历史文化名城保护规划》批准通过，中兴路—大西路成为历史文化街区。2020年4月9日，经广东省政府批准，中兴路—大西路历史文化街区成为第一批广东省历史文化街区。

莞城中兴路—大西路一带的商埠市区，是从莞城西门和北门向东江逐步发展延伸，最后再融为一体的。其中从迎恩门出的称西隅，以大西路为骨干，旨亭街即位于其上。从镇海门出的称北隅，以光明路（原为到涌水路）为骨干，明代海外贸易的印记——却金亭碑位于其上。换

中兴路78号

和平路

维新路

言之，市区从西、北两个方向越出莞城城墙，水陆并进，先到达阮涌一线，再推进到珊洲河一线，其间横向发展、融合，才有了今日的格局。这一传统城市的外溢模式，在岭南沿海地区相当典型。因此，全国重点文物保护单位——明代的却金亭碑，广东省文物保护单位——位于旨亭街的容庚故居，不但有自身的历史文化意义，也是历史地理、城市建设的重要地标。

街区内的传统街巷主要有大西路、中兴路、和平路、维新路、中山路、旨亭街6条。其界面完整，景观连续性较好，街巷两侧的建筑高度、体量、色彩、形式风格基本协调一致，且历史传统建筑面积规模占街巷两侧建筑面积总规模的90%以上。除旨亭街外，均为连续的骑楼风貌，而且相交成片。中兴路—大西路街区内有历史建筑27处，全为民国骑楼建筑，其中不少是莞城著名的老字号商铺。

讲古论今

李恺与却金亭碑

李恺，字克谐，福建惠安人。据载为嘉靖十一年（1532）进士，授番禺县丞，后迁尚书郎。明嘉靖年间，广州东莞已成为当时主要的港口之一，嘉靖十七年（1538），暹罗国商人奈治鸦看带着本国国王的文书引信、货物来到东莞港，要求进行通商贸易。时任番禺县令的李恺认为，检查进出口货物的一套制度手续繁冗，主张简化管理，简便手续，决定"更制设规"加以改革。因而对暹罗国商人只须自报货物数量进行检验，检查时"不封舶，不抽盘，严禁人役，毋得骚扰"。对外商采取既合规范，又不刁难的做法，深深地感动了暹罗国商人，他们自愿赠金百两，报答李恺。李恺再三坚持不接受重金。暹罗国商人越发感动，恳请要求将赠予的款项用于竖坊挂匾，以表彰李恺"却金"之廉政美德。

嘉靖二十年（1541），东莞县丞李楣认为李恺拒收重金之事，立德立公，应该赞扬，他请王希文撰文，立了《却金坊记》碑。次年，巡按广东监察御史姚虞（宗舜）来粤视政，再置一碑赞颂，并建亭保护。却金亭碑不仅记载了明朝时期东莞给外商创造良好投资、贸易环境的史实，也反映了当时政府官员文明廉政的形象，2006年被国务院公布为第六批全国重点文物保护单位。

容庚家族与莞学

1933年客居北平的史学家陈垣，与莞籍学者容肇祖通信，尝言"粤中后起之秀，以东莞为盛"。清末民国可谓"莞学"继明代之后的另一高峰。仅以莞城的容家论，便可称述于近代中国学术史。

容庚（1894—1983），字希白，号颂斋。著名古文字学家、考古学家。生于莞城旨亭街祖居，现辟为"容庚故居"，列为广东省文物保护单位。他少随舅父邓尔雅研读《说文解字》，学习金文、书法、篆刻，并随叔父容祖椿学画。1922年，容庚携《金文编》上京求学，深得古文字学家罗振玉、马衡等教授赏识，被破格录取为北京大学研究所国学门研究生。毕业后，先后在北京大学、燕京大学、广西大学、岭南大学、中山大学任教，其间兼任北京古物陈列所鉴定委员、《燕京学报》主编等，倡导成立我国第一个考古学组织——考古学社。其出版专著30余种，其中《金文编》为我国第一部专科性的金文大字典，具有极高的学术价值和实用价值。

容庚家族是书香世家。祖父鹤龄是同治二年（1863）进士，任东莞龙溪书院和顺德凤山书院山长十余年，邑中士子多出其门下。容庚之父作恭1896年入广雅书院学习，1897年考取拔贡。容庚三弟容肇祖，是著名思想史家和民俗学家，1928年主编《民俗周刊》，并任中山大学民俗学会主席，是中国民俗学研究的先驱之一。容庚之妹容媛，青年时投身妇女解放运动，后在燕京大学哈佛燕京学社长期致力于民俗研究，著作甚丰。

容庚故居

容庚故居纪念馆

十一、千年古邑　兴王之地

——河源佗城

（一）名城简介

　　佗城地处广东省东北部，东江上游，龙川县最南端，是粤东北连接赣南、闽西的交通枢纽，是粤港澳大湾区进入龙川县的门户。

　　龙川县历史悠久，早在新石器时代已有人类生息、繁衍、劳动，创造了光辉灿烂的文明。秦始皇三十三年（前214），秦平南越，置龙川县，赵佗为令，属南海郡。佗城（旧治龙川城）是最早的龙川古城，自秦至民国两千多年间，除南朝时县治一度北迁外，一直为县或州之治所，南汉刘䶮时，移循州治于此，州县并存达四百余年，为县、州的政治、经济、文化、军事中心，素有岭南古城之称。民国30年（1941）为纪念赵佗，改称佗城，隶属龙川县一区（老隆）。1949年，县治移老隆，设佗城镇。佗城老城为赵佗奉命初创龙川县时在今佗城处筑土城堡一座，至隋末唐初已有一定的规模。宋代，佗城老城可谓高城深池、固若金汤，又称为"尉佗城"。在明代为加强防御能力，城池规模空前扩展，先在老城北面新建一小城"新城"，后再在东北角和东面建上五里和下五里两座城，在西南面建下廓城，共设6座均有戍楼的城门。清

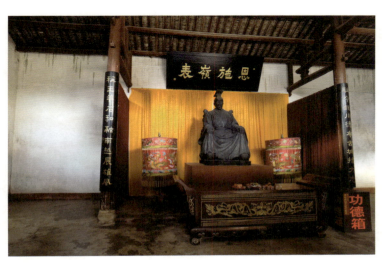

南越王赵佗塑像

千年古县

代，佗城的城池规模有所缩小，城池范围为宋代期间城墙内区域（即今环城路内）加上明朝时的新城。

秦平岭南后，佗城独特的地理位置使之成为中原文化入粤的一个重要窗口。中原人的南迁，造就了中原文化与本土文化（百越文化）相互交融的客家文化，佗城成为最早的客家文化中心。中原文化的传入极大地促进了佗城经济文化的发展，致使佗城千百年来成为东江中上游的政治、经济、文化和军事重镇，商品经济水平居粤东北之首。

佗城作为南越王赵佗的兴王发祥地，秦中原文化南下与百越文化交流的结合地，东江流域最古老的江滨军事、政治、文化重镇，宋代岭南名城，明清东江上游的经济中心，在1991年被广东省人民政府公布为第一批省级历史文化名城。

佗城是一座千年历史文化名城，是秦朝岭南四大古邑中保存最完整的古城，为岭南最早设置的古县，属"岭南第一古镇"，并与广州同享"岭南第一城""孪生兄弟城"之美称。佗城作为中原南迁客家人的聚落地，在中原文化与本土文化（百越文化）相互交融下，其城镇空间肌理与典型梳式布局的岭南古村落有些不同，带有中原地区"井田制"布局的痕迹和树枝状道路等级结构特征，方正有序，充分体现了一个地区统治中心的封建体制思想和政治文化特征。佗城老城内包含29处不可移动文物、6处历史建筑以及百岁街—中山街历史文化街区。

作为客家之乡，佗城是中原文化与百越文化相互交融之地，形成了有客家特色的文化传统。佗城传统的民间文化艺术丰富多彩，主要包括打马灯、佗城木偶戏、杂技、唱山歌、赏花灯、舞龙和舞狮、说唱艺术等。其中花灯又称"华灯"，亦名"华镫"，即雕饰精美的灯。

代有人杰，史不乏书，名流荟萃，饮誉东江，这是佗城作为历史文化名城的突出标志之一。佗城有代表性的人物，不仅包括佗籍人士，也包括非佗籍人士，但在佗城工作时间较长、业绩较为显著且具较大影响者，有赵佗、韦昌明、苏辙、吴潜、黄克、萧殷等。另，佗城从建制之始即教育兴盛、人文荟萃。历史上有诸多中原名人贤达，如赵佗、李商隐、苏轼、苏辙和吴潜等，曾生活于此。他们的到来一方面传播了中原文化，促进了佗城及龙川的文化教育；另一方面，反映了当时佗城和龙川在岭南地区的地位。

讲古论今

正相塔

正相塔

开元塔位于佗城塔西村、东江河畔一个小山岗上，始建于唐开元三年（715），后因宋代左丞相吴潜受贬曾居于塔下古寺而得名"正相塔"。正相塔建筑宏伟，结构精巧，是广东省的名塔之一，具有较高的建筑艺术研究价值，是研究当地唐代浮屠（佛塔）建筑不可多得的实物资料，1962年公布为广东省文物保护单位。

（二）百岁街—中山街历史文化街区

百岁街—中山街历史文化街区位于龙川县佗城中心位置，街区枕嶅山，南濒东江，主要为百岁街和中山街两条街道。保护范围面积25.91公顷。

2000多年前秦朝50万南下大军长期驻扎于佗城，在此杂处、生息、繁衍，百岁街雏形初现。根据佗城古城地图判断，它在宋代初具规模，在汉唐时期基本形成完整的街道。百岁街位于儒学圣地学宫的前面，因此古时叫"儒学前街"。明清时期有吴、李、郑、叶、陈、刘、曾、蔡、张、沙、王等十余姓氏在街道两边兴建姓氏祠堂，故称"百姓街"。后因居住在该街道的居民长寿，同一时段竟然有五六位百岁老人聚居其中，人们又称之为"百岁街"。时至今日，百岁街仍保留民国时期骑楼建筑风格，仍是佗城古镇的商业贸易和餐饮服务的聚集地。

根据佗城古城地图，中山街形成的年代为秦代。中山街原名"府前街"，1925年为纪念孙中山先生而得名"中山街"。到了唐宋时，闽、赣、兴梅、潮汕、惠广等地的物资在此集散，佗城因此成为东江上游的

百岁街西侧街景

经济中心。从唐朝起这里便是商业兴盛之所，各地商人自水路来此，将山里的货物如竹、木、炭、土纸、松脂、陶瓷及其他山货带到中山街，又从中山街走向东江、韩江流域的各个市县、城镇。清代中叶，佗城占漕运、盐运、河务三大政要之利，经济形势更是达至鼎盛。中山街遍布的茶楼、酒楼，以及粮行、药行、布行、木材行等，使佗城有了"小广州"之誉。

百岁街—中山街记载了佗城发源、成长和繁荣等各个时期，见证了客家人多次迁徙的历史。街巷体系呈"井"字形布局和等级分明的树枝状道路结构，这是赵佗在此推行井田制的土地管理制度的重要特征。中山街和百岁街有古今商铺建筑整齐排列，这是佗城古城商业街的重要形态。2021年3月，经广东省人民政府批准，百岁街—中山街历史文化街区成为第二批广东省历史文化街区。

百岁街—中山街作为中原南迁客家人的聚落地，其城镇空间肌理与典型梳式布局的岭南古村落有些不同，带有中原地区"井田制"布局的痕迹和树枝状道路等级结构特征，方正有序，充分体现了一个地区统治中心的封建体制思想和政治文化特征。封建时代县城所应有的政治、军事、文化设施，一应俱全，其中城的中心地带为县署，东部为文化部门等。沿街多为骑楼建筑，底层多为商铺，外加一条长长的走廊，二层以

郑氏宗祠

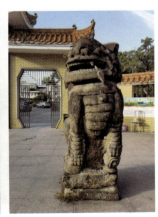

龙川县衙署址前石狮

龙川考棚

上为住宅。这种"上宅下铺"的骑楼商住形式，完美结合了商住两用的建筑功能，也符合南方的气候特征。

百岁街—中山街历史文化街区内现有4处广东省文物保护单位、2处河源市文物保护单位、10处龙川县文物保护单位、5处未登记不可移动文物以及大批传统风貌民居建筑。文物古迹类型主要有古祠、骑楼、文化建筑、宗教建筑等，其代表为：龙川学宫、南越王庙、越王井、考棚、刘氏宗祠、佗城影剧院、城隍庙等。现状调查中还发现了大量优秀的古建筑和近现代建筑，有地方特色的老字号店铺、传统民居、宗祠和赵佗时期以来的历史建筑，其建筑构件保存完整，工艺精美。

佗城非物质文化遗产中，传统口头文学较为独特，主要有关于历史上佗城的沿革，名人、神鬼的民间故事和传说，历代关于佗城的诗词，方言，民间歌谣，谚语歇后语，街巷名称等内容。

木偶戏又称"鬼仔戏"。木偶分手托和提线木偶两种。1972年，佗城成立木偶剧团（属于托木偶），演出剧目体裁多样，有《孙悟空三打白骨精》《火焰山》《东海小哨兵》《林区小猎手》《张羽煮海》等。改革开放后，木偶剧团曾在省内及江西省、福建省、湖南省等多地演出，很受群众欢迎。

龙川学宫

佗城影剧院

　　佗城的说唱艺术，主要是山歌五句板说唱与地方流行小曲调说唱。山歌五句板说唱，运用大竹板敲打过门，亦称竹板山歌说唱。新中国成立前，许多行乞艺人采用五句板说唱。小曲调说唱，以地方流行的小曲（山歌）为主，表演时亦可边说边唱，加插少量动作。

　　饮食中，佗城人似乎对"酿文化"情有独钟，各类酿食多达20种，如酿豆腐、酿茄子、酿香菇等，他们所取原料并非山珍海味，都是当地土生土长的肉类和瓜果，让人不得不赞叹当地人的手艺精巧。豆腐丸、卷春、香信是当地家喻户晓的"佗城三宝"。"佗城三宝"是佗城当地家家户户都会做的食品，其制作技艺已被列入河源市非物质文化遗产。

讲古论今

南越之王——赵佗

据《史记·南越列传》载，赵佗，秦朝恒山郡真定县（即今河北省正定县）人，他是开发岭南的先锋领袖。

秦始皇三十三年（前214），赵佗辅佐主将任嚣南平百越（越人分布于长江中下游以南，部落众多，故又有"百越"之称），统一了岭南，置南海（相当于今广东省大部分地区）、桂林（今广西一带）、象（今广西西部、越南北部中部）三郡。任嚣为南海尉，南海郡下设博罗、龙川、番禺、揭阳四县，赵佗任龙川县令。赵佗为龙川县令约5年，筑土城为县治所。其居宅门前筑有汲水井，城郊辟有跑马射箭场所，至今遗址犹存。

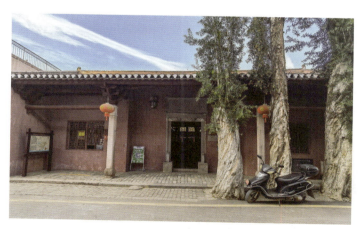

南越王庙

苏辙与苏堤

苏辙（1039—1112），北宋诗人，字子由，四川眉山人。宋元符二年（1099）八月，苏辙被谪为化州别驾，安置循州，寓居州治（今佗城）城东山之圣寿寺，"裒囊中之余五十千，以易民居，大小十间"。

毓蔬荷锄，于鳌湖白云桥西杜门闭目，追思平昔，使其子苏远书之于纸，凡四十事十卷，辑为《龙川略记》及《龙川别志》（上、下两卷），并撰有《尉佗城下两重阳》《赠龙川道士廖有象》等诗文。至元符三年（1100）移永州安置。在循州期间，曾在鳌湖东率众抗旱，后人为纪念他，将他所筑的堤命名为"苏堤"。

当代著名文学家——萧殷

萧殷（1915—1983），当代著名文学家，原名郑文生，龙川县佗城人。萧殷故居在龙川县佗城镇新渡村竹园里。少孤家贫，初中毕业后在佗城小学任教，并从事业余写作，以肖英、何远等笔名发表短篇小说30余篇。1938年加入中国共产党，任延安中央研究所文艺研究员和中央艺校教员。在新中国成立前，萧殷任《新华日报》编委、《晋察冀日报》编委兼副主编。国共和谈期间，在北平主编《解放三日刊》，并兼新华社北平分社采访部主任。

新中国成立后，萧殷先后担任《文艺报》主编、《人民文学》主任、中国作家协会理事等。1960年从北京调广州历任中共中央中南局文艺处处长、广东省文联副主席、中山大学和暨南大学教授等职，为培养青年作家倾注了心血。

萧殷博学多才，著作颇丰，1949年后出版的著作有小说散文集和《月夜》《与习作者谈写作》《给文学爱好者》等文艺理论与评论集。1985年获广东省首届文学评论奖，1986年获第二届鲁迅文学特别奖。1983年8月31日病逝于广州。

萧殷故居角楼

十二、湟川源流　俊采星驰

——连州

（一）名城简介

连州市位于广东省西北部，地处五岭南麓，北江支流连江上游，是粤、湘、桂三省区边境的商品集散地和交通要冲，自古就有"路通西北八千里，景占东南第一州"的称誉。

远在新石器时代，先民就在连州这块土地上繁衍生息。连州春秋战国时属楚，秦时属长沙郡，汉置桂阳县于此，隋置连州，之后，连州皆为州县所在地。抗战期间，民国广东省政府五次迁连，使得连州有"小广州"之称。连州城始筑于南朝宋元徽时，总占地27公顷。古代连州城市布局功能分明，呈明显的"内城外市"格局。城内是行政中心，城外则逐步发展为集市商贸交易场所和各类手工业作坊。随着社会经济和文化各项事业的发展，新中国成立后特别是20世纪70年代后期至今，连州城市面貌发生了巨大的变化，城区建成面积已扩大到近10平方公里。

连州文化源于中原，开化于两汉，兴盛于唐宋，繁荣于后世。由于连州独特的地理区位，当地文化融合了粤、湘、桂三省区文化的特点。连州的红色文化、商埠文化、古村落等各色资源丰富。1996年6月5日，广东省政府批准连州为广东省第二批省级历史文化名城。

连州鸟瞰图

216

燕喜亭

　　连州老城是连州市的文化核心区，是连州历史文化遗产密集区。连州老城内含12处文物保护单位（如慧光塔和大云洞摩崖石刻等）和1处历史文化街区（中山南路历史文化街区）。

　　老城内著名的摩崖石刻包括大云洞摩崖石刻、巾峰山摩崖石刻、燕喜山摩崖石刻等。其中，大云洞摩崖石刻位于城西3公里处，因洞外原有大云古寺而得名。此处岩谷岭豁，上有垂石，状如滴翠，称"秀岩滴翠"，为连州古八景之一。

　　燕喜亭位于城东北燕喜山麓（现连州中学所在地），始建于唐朝贞元年间，距今已有1200多年的历史。唐代的诗人元结、刘禹锡、孟郊，北宋的哲学家、文学家周敦颐，南宋的宰相张浚都慕名前来游览，并在亭周围的岩壁上留下了石刻诗文及题字。亭中立有韩愈所写《燕喜亭记》碑。百年来，这里文人墨客络绎不绝，是久负盛名的旅游胜地。

　　连州市民间有着丰富多彩的民俗文化，为连州本地特有的湟川文化的重要组成部分。连州市拥有众多的非物质文化遗产，其中，广东省级非物质文化遗产6项，清远市非物质文化遗产9项，连州市非物质文化遗产23项。

洗佛节

高台长鼓

祁剧

连州市是清远乃至广东省的少数民族聚居地之一，形成既多元化又具有地方民族特色的传统民族文化。其中，节庆民俗丰富多彩，各具特色。除春节、清明节、端午节、中秋节等传统节日外，各地有多种独特的节庆习俗，如：保安的九月九保安"大神会"、星子八月十六的"舞火龙"、六月初六的沙坊"洗佛节"和瑶安乡"神老节"等。

此外，连州的非物质文化遗产还包括各种节庆音乐舞蹈、乡土美食，如十样锦、瑶族高台小长鼓舞、瑶族布袋木狮舞、舞马鹿、水路歌、瑶族坐歌堂、沙坊切粉、东陂水角、东陂腊味、丰阳牛肉干、星子舞香火龙、西岸赛龙舟、白茶制作技艺、祁剧、采茶戏、调花鼓、慧光塔无顶的传说等。

唐宋时期108进士名录表、古村落中祠堂、族谱关于进士的记载，是湟川文化中"进士文化"的体现，连州因此有"科第甲通省"的美誉。

连州山明水秀，人杰地灵，哺育了一众文人志士，如唐代贤相刘瞻、勇冠十万宁国伯何昌期、古琴家陈拙、南汉仆射黄损、仙槎大夫邵安石、楚水部员外郎石文德、南汉良将邵廷琄、才高八斗的岭南才子邓洵美、南唐诗人孟宾于、执法如山的广南转运副使周渭、平岭南向导官李廷琪、宋谏议大夫邵晔、南宋能臣廖颙、连州太守邓鲁等。唐宋时期，广东科举场上盛誉连州"科第甲通省"。此后数百年，连州名人辈出，文化教育辉煌一时，凸显于岭南文化之中，十数位诗人相继闻名于世。彼时连州人才杰出表现令京都人士刮目相看。

"贬官文化"是湟川文化的重要组成部分，中原文化与岭外文化并存，亦即移民文化与原住民文化并存、老移民文化与新移民文化并存。历史上贬到连州的朝廷高官有：崔仁师、王宏中、韩愈、凌准、刘禹锡、蒋防、卢肇、张浚等。其中刘禹锡对推动连州发展作用最大。

刘禹锡任职连州刺史期间守正不阿，重农爱民，振兴教育。刘禹锡对连州的最大功绩和贡献，首当重教兴学、栽培州人，开创了连州重文兴教的传统。

有专家考证，海阳湖原址应在连州市区北湖洞一带，而最早发现这一景色的是南朝宋的谢灵运，这位山水诗人游玩至此，为湖光山色所迷，流连一个月方才尽兴而去。唐玄宗时期，诗人元结升任道州刺史，来到连州游玩，发现了这一景点，于是命人开凿疏浚，形成了一个数百亩的大湖，命名为"海阳湖"。

刘禹锡到任连州以后，随即为海阳湖景所倾倒，他对海阳湖作了扩充、疏浚，在湖中修建亭榭，并在湖光山色中点出十大景致——吏隐亭、切云亭、玄览亭、云英潭、裴溪、飞练瀑、蒙池、棼丝瀑、月窟、双溪，每一景致作诗一首咏之，称为"海阳十咏"。

（二）中山南路历史文化街区

中山南路历史文化街区是连州历史文化名城的核心载体和古城风貌的集中体现，由南门大道、建国南路、高塘街、慧光路、城隍街、湟川南路围合而成。保护范围面积为34.5公顷，其中核心保护范围面积为19.3公顷，建设控制地带面积为15.2公顷。

连州古城历史上有"九街十八巷"的说法，中山南路位于连州古城池新城。其中中山南路有五条街和七条巷，后由最初的"九街十八巷"逐渐向外扩散和改变，在历史的发展过程中，有些街巷已消失在建设大潮中，原始格局虽然已不能完整呈现，但是基本格局还是以中山南路和城隍街为主干，街巷向两侧扩散。如今中山南路历史文化街区以中山南路、济川门路、建国南路、城隍街、香云街、高塘街、红锡巷、石灰巷、土地巷、义井巷、兰芳巷和通庄巷形成"三路三街六巷"的渔网状形态格局。

中山南路在清代之前称大街。因靠近江边码头，是连州秦汉古驿道水陆路交接的关键地段，商铺林立。据《连县志》记载，中山南路改

中山南路航拍

建于民国20年（1931），据说命名为"中山南路"缘于纪念孙中山先生，是孙中山先生逝世五周年。1931年后，广东省政府多次搬迁至连州，广州、南海、番禺、顺德籍的许多商人也随之来连州经商。南门头外是湟川，水路运输极为方便，他们就在南门头一带建房开业，所建的楼房均为骑楼式建筑，多为两至三层，二层以上向街道延伸2—3米，立柱支撑，空一走廊，楼上住人及堆放货物，一楼作为商铺，使得中山南路成为20世纪30年代连州最繁荣的商业区。直至20世纪80年代，中山南路仍然是连州主要商业区。

连州市中山南路历史文化街区历史久远，位于古城核心区，是连州文化集中承载地和城市原点。街区是秦汉古道水陆转运中心，对岭南地区开发作用重大。街区全国重点文物保护单位慧光塔文物价值高，名人和事件影响大。历经近百年变迁，街区内基础设施和建筑外观破旧，活力也遭受影响，但民国时期的城市风貌、街巷格局基本保持，原住民多，生活气息浓厚。2021年3月12日，中山南路历史文化街区经广东省政府批准，成为第二批广东省历史文化街区。

中山南路历史文化街区以中山南路和城隍街为主干，形成了"三路

中山南路街景

三街六巷"的不规则渔网状形态格局。街区内现有多处不可移动文物以及大批传统岭南风貌民居建筑。

黄世康在《连州骑楼——百年风雨的岭南印记》一文中提到："综观连州的骑楼，具有粤派骑楼的特点，门廊扩大串通成沿街廊道，廊道上面是骑楼，下面一边向街敞开，另一边是店面橱窗，顾客可以沿走廊自由选购商品，楼上住人。只在中山路的中段有数间骑楼建筑的外观采取巴洛克风格的装饰，山花和楼身的设计有些许古罗马的装饰特征，如罗马柱、卷曲花纹等，但却融入了太多中国传统建筑的元素，如墙体多是中式清水砖材料，方形窗，顶部的山花挑檐也做成中国特色的柔和的拱形顶，透着浓浓的艺术韵味。"

中山南路两旁的青砖瓦屋，谓之骑楼。骑楼多为两至三层的民国时期建筑，外立面朴实无华，无过多装饰。骑楼作为一种商住建筑，它的沿街部用立柱支撑，上楼下廊，跨于人行道上。"上楼"即兼具居住和储物功能的二层以上空间；首层多为商铺，下廊即商铺外的人行道，用作品茗聊天、纳凉会客、交流信息、晚间凉眠、挡避风雨、挡避炎阳之途。连州有"小广州"之称，源于广州上下九路、中山路、人民南路等商业街道的骑楼建筑，在连州城区中山南路处处可见。连州人思想开明，包容性强，对外来新鲜事物富于学习精神，这是中山南路出现骑楼建筑的必然因素。城隍街则以单层传统民居为主，有带院落的大户民居，也有小户独栋民居或洋楼，还有联排建筑和竹筒屋等。

城隍街水井

街区延续了传统的商住功能，保留有传统业态和当地老字号，除日用品销售、餐饮服务和土特产商店外，也加入了结合连州国际摄影节开设的文创商店和特色民宿等，使得街区生活场景保持了原有的民风和民俗，又融入了新型的文化体验。

源于中山南路历史文化街区的非物质文化遗产包括慧光塔无顶的传说、水路歌等。

讲古论今

红七军南门头救火

1931年，红七军在张云逸、邓小平的率领下向江西挺近，于1931年1月进入连州东陂镇。当时的反动派造谣污蔑红军"杀人放火"，居民都逃到山上去了，镇子里几乎都没人了。冯达飞，当时的红七军第二纵队第二营营长，恰好是东陂本地人。为了戳穿敌人的谎言，他带头在家乡展开群众工作，使红军重获父老乡亲的信任。参加革命前，冯达飞可是当地有名的大孝子。很快"文孝（冯达飞的曾用名）回来了"的消息

红七军攻城救火处旧址——南门头

就传开了，出走的居民陆续回家，商店也纷纷开门营业。

红七军驻连州军纪严明，秋毫无犯，不扰百姓。战士们不住民房，而住会馆、学校、祠堂等公屋。正当部队筹款、安置伤病员之际，受到内城守敌枪炮威胁。红军攻城，敌人向城外投掷煤油棉团，引发大火，南门头40多间店铺成了火海。红军战士立即带领大家把大批煤油、布匹等财物抢救出来，扑灭了大火。当地商会感激不已，筹集了4万元大洋和一批大米、生猪、布匹慰劳红军。

后来，邓小平在报告中这样写道："（红七军）在连州因筹款问题逗留了几天，做了一点群众工作。因敌人放火烧街，我们救火给了城市民众甚至于商人以很好的影响。"

众志成城献金抗日

1938年冬，连县抗敌后援会和抗敌同志会在连州青石街（今中山南路）与荣梓巷（今新华路）交叉街口，以竹木搭建"抗日献金台"，动员连州街市民献金，"有钱出钱，有力出力"，"购买枪炮打鬼子"。孔怡记、广盛隆等富商捐资百多元，贫民、学生也踊跃献款，妇女捐首饰，连续十天十晚，轰动全城。

抗日献金台遗址——中山南路与新华路交叉街口

慧光塔

　　连州宝塔，即慧光塔，有1500多年的历史，1985年至今，其倾斜值一直保持在1.0472米，因此，连州慧光塔也被誉为"东方斜塔"。旧时慧光塔底下有一个用生铁铸造的古塔顶盖。相传在南北朝时期，连州水灾泛滥，一位法号叫慧光的和尚路经此地，发现连州三面邻水，地形像一艘漂浮在水面的大船，需要在船头立篙（竖立一根竹竿或杉木等制成的撑船工具）才得以稳固。慧光将连州比作大船，而这根篙就是这个传说的主角——慧光塔。决心建塔的慧光和尚屈膝盘坐于地，只见他左手竖立嘴前，右手敲木鱼，口中念念有词，半个时辰就从地上冒出一层六角塔。可是，慧光擅用仙法，所念咒语也传到玉皇大帝耳中，玉帝恼怒之余，遂派哪吒下凡捉拿慧光问罪。正当塔身已建好，还差塔顶这最后一道工序之际，气势汹汹的哪吒已经赶到。危急时刻，一直在旁边观望慧光建塔的土地神出手相助，将盘坐在地的慧光猛然一推，大喊一声："快走！"猝不及防的慧光打了个趔趄，向南跳了一大步。因重心向南移动，建成的塔身也微微向一边倾斜，而最后塔顶的建设，也因慧光被哪吒所擒，无法施展仙法而终止。后来就有了这样一个传说：有一位仙人慧光与一位土地公斗法，各人分别要在一夜间建好一座宝塔和一条花街，将近五更时，仙人的宝塔已建好九层，就差塔顶了，而土地公的花

慧光塔

街却未完工。聪明的土地公便模仿雄鸡报晓，仙人一听以为天亮，还没有安放塔顶就飞上九天……虽然最后塔顶的建设并未完成，但是从此以后，连州因为有了"船篙"，再也没有发生严重的水灾了。人们为了纪念建塔之人，就称之为"慧光塔"。这就是古时"惠州古塔无影，连州古塔无顶"之说的由来。

其实是因为当年建塔时，塔顶盖太重无法提升，只好搁置在塔的旁边。1958年，广东省文化厅拨款2万元维修慧光塔，增建塔顶，结束了连州宝塔无顶的历史。

水路歌

唐宋时湟川是连接省城、粤西北、湘南的主要运输大动脉，往来货商船只无数。"楞伽水路险又窄峡头拉缆步步行……"这首湟川水路歌就是以前湟川纤夫们留下的民谣。歌词中展现了当时湟川纤夫的劳动生活，描绘了湟川三峡的险要地势和绚丽景色，也道尽了昔日连州水路运输和商品贸易的兴盛景象。

十三、西南要辅　高凉风韵

——高州

（一）名城简介

高州市位于广东省西南部，属省辖茂名市代管县级市，地处鉴江流域中上游，地貌分区中属粤西丘陵山地区，全境呈北宽南窄之格局。

高州秦属桂林、象郡二郡，汉属合浦郡高凉县。南朝梁大同元年（535）置立高州，此为高州之始。明洪武元年（1368）设立高州府，为广东下四府之首，民国撤府留县。直到1993年6月撤县设市（县级），为高州市行政区域。高州城始建隋开皇十八年（598），迄今已1400多年。从唐代至民国，高州一直是粤西的政治、经济、文化、军事中心之一，又因扼广、肇通往康、雷、琼之咽喉，故史称"南路重镇"。明清时期，高州古城开六门，有九街十二巷，布局以衙署为主体，奠定城市格局。

高州历史悠久，是粤西重要城市，在19世纪末至20世纪初尚为一府之治，是当时区域性的政治、经济中心，商业经济较为活跃，因而形成了较具规模的骑楼商业街。

高州市不仅历史悠久，发展演变具有地域代表性，而且山水塔寺环

宜居之城——高州（李劲摄）

城格局独具特色，近代市政建设有迹可循。同时，其文物古迹数量众多、价值较高，而非物质文化遗产资源丰富、具有活力。1996年，高州被省政府公布为第二批省级历史文化名城。

高州古城位于河谷盆地，依粤西鉴江而建，与观山隔江对望，形成江山环抱，藏风聚气的风水布局。在此基础上，明清时期城郊先后建成三塔。高州府城倚鉴江而建，对望观山，环镇三塔，奠定了高州历史文化名城的基本格局。自隋唐至明，高州城垣随形就势，逐步形成"九街十二巷"的街巷格局。民国时期，高州在前清府城的基础上拉起了近代城市的骨架，形成明显轴线：向西跨江建鉴江桥，强化从观山到中山路到冼太庙的东西轴线。在前清行政区位置上建起了中山纪念堂，在文明门处建成秀川图书馆，在文明门南建成潘州公园，形成南北轴线。

明清时期，大街是城市最重要的空间骨架，行政区、文化区、居住区和商业区等一切功能分区以之为基础展开。大街以北、府城中部为行政区，分布着都司署、府署、县署等古代官府机构。行政区东侧为文化教育区，主要分布着府学宫、县学宫、近圣书院等古代文化教育机构。府城的宗教区位于官府行政区的北侧，主要分布着宗教建筑物。古城内的居住和

秀丽观山（蓝汉明摄）

商业区，分别分布在古城的东北侧和西南侧。目前的高州市老城区用地，居住生活、行政办公、商业服务等功能适度混合，呈现以历史城区为核心，向南部圈层式发展的特点，起到彰显文化、保持活力的作用。

高州古城内包含中山路历史文化街区、南华路南关历史文化街区、南华路北关历史文化街区3片历史文化街区，观山历史风貌区、冼太庙潘州公园历史风貌区、南宫岭历史风貌区3片历史风貌区，以及56处各级文物保护单位，其中，省级文物保护单位7处，市、县级文物保护单位49处。

高州市有木偶戏、山歌、版画、八音锣鼓、冼夫人庙堂文化等15项非物质文化遗产，其中1项国家级非物质文化遗产，3项省级，4项茂名市级，7项高州市级。高州木偶戏，因"琢木为偶"而得名，相传于明代万历年间传入高州，至今已有400多年的历史，于2006年成为国家级非物质文化遗产。高州木偶戏以杖头木偶为主，附加布袋木偶。木偶造型十分精巧，它用坚韧的木料加工成型后，采用变形夸张、彩绘、装潢的手法，使之形神兼备。高州市木偶艺人一年四季活跃在城乡，为丰富城乡群众的文化生活作出了积极的贡献。高州也因此而被省人民政府命名为广东省首批"民族民间艺术木偶之乡"。

高州市名人辈出，有被周恩来誉为"中国巾帼英雄第一人"、被江泽民称为"我辈及后人永远学习的楷模"的冼夫人，有高州良德人、冼夫人的第六代后人、一代名宦高力士，有官声民望皆著的明代"三李"（李学曾、李一迪、李邦直）及清代高官杨颐，还有近现代社会名流杨永泰、邓龙光，新中国首任中国农科院院长丁颖，著名画家丁衍庸等，以及南路革命先驱朱也赤等一大批名人。南北朝时期，时局动乱，冼夫人审时度势，坚决反对分裂割据，协助丈夫处理政务，推行汉文化教育，对中国的统一事业和岭南各民族的团结融合作出了杰出的贡献。另外，高州人士以各种方式深入参与革命，不仅推动了广东城乡的全面近代化，也为高州留下了一批城市建设遗产，公共建筑、园林和基础设施的相继出现，为古老的高州城带来了近代气息。

（二）中山路历史文化街区

中山路历史文化街区位于横贯高州老城东西的中山路上。中山路南北两侧南至建筑南侧、北至建筑北侧、西至古城西门、东至环城东路并包括周围的文物保护单位的范围为历史文化街区。保护范围面积23.25公顷。

高州中山路始建于隋朝，历代曾称官街、府前街、大街、十字街等名，是历代统治阶级官署衙门所驻之街道，民国9年（1920）为纪念孙中山先生而改称中山路。自始建以来，中山路作为高州城区重要的商业活动中心的地位已延续了几百年，而清末民初建的骑楼是南方气候与商业模式结合的建筑产物，也有一百多年的历史，是"具有生活居住特色、商贸旅游服务功能的历史文化之街"。清末民初，大街被改建成中山路骑楼街，最早的骑楼是马来西亚华侨李孝式先生在高州城中山路中段开设"锦纶泰"商行时建造，带有典型的南洋风格。自1996年成为省级历史文化名城以来，高州的重要文物古迹得到了积极修缮和妥善利用，其中中山路西段的骑楼街进行了立面整饬，改善了形象。

中山路166号

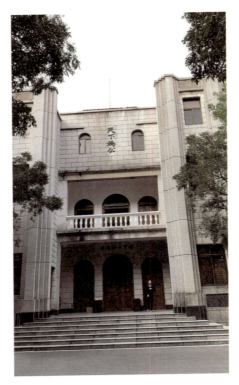

中山纪念堂

　　自隋到明，高州城内逐步形成"九街十二巷"的格局，"九街十二巷"之首的大街就是中山路。民国9年（1920）大街改称中山路。高州是一座教育之城，深厚的文化底蕴主要散发在中山路中。熙宁二年（1069），北宋哲学家周敦颐在中山路建起廉溪书院，培养学子。至清末，高州学官有书院12所。其中的高文书院始建于明代，原为义学，嘉庆五年（1800）易名高文书院，后又改为省立第九中学和广东高州中学，至今仍用其名，驻其址。教育涵养着一代又一代的高州人，著名水稻专家丁颖、教育家林砺儒、画家丁衍庸、戏剧艺术家丁扬忠等，都是从这里走向世界。自古以来，中山路就是一条繁华之街，农产品、地方传统小吃和舶来品应有尽有。府衙署、学官书院设在中山路的北面，南面全是商铺，因此有"来高州城必到中山路"的说法。

中山路是目前高州城中骑楼保存最好、最完整的一段，街区占地4万多平方米，其建筑集广州粤派风格兼有西方异域风味而形成高州特色的骑楼风格，具有极高的历史价值。除中山路骑楼建筑外，中山路作为高州第一街，两侧集中分布着从明清到当代的大量文物，如学宫红墙、升平寿井、中山纪念堂、高州人民会堂、南路农民协会旧址等等。这些都充分体现了高州古城深厚的文化底蕴，让中山路街区具有极高的历史文化保护价值。2012年，中山路历史文化街区入选第三批广东省历史文化街区。

高州市中山路作为"九街十二巷"格局的骨干，是一条东西向的街道，与其他街巷相接，且贯通东西门，沟通城市与鉴江水路，呈现向外放射状的空间格局。中山路街道长1000米，宽12.8米，全部用青砖人字形错缝铺砌，两侧廊宽2.4米，骑楼高4米，呈"北衙南商"格局。北边以前以衙署为中心，现在以党政机关单位为主。南边几乎全是商铺

高州人民会堂

中山路街景

及少量的书院、住宅，现在仍旧如此。而中山路的骑楼街，凸显其作为传统城市轴线的地位。目前，高州市中山路的骑楼保存最好，骑楼街占地4万多平方米。中山路的骑楼风格形成于清末民初，带有典型的南洋风格。中山路骑楼立面上的装饰十分精致，其中倚柱、壁拱、窗套、女儿墙、檐口、山花、柱头的灰塑或石膏线饰均体现出浓厚的西式异域风格，融入当地浓厚的文化特色。

　　自始建以来，中山路作为高州城区重要的商业活动中心的地位已延续了几百年，而骑楼作为商业载体是南方气候与商业模式结合的建筑产物，骑楼的特点是商住合一，前面是商店作坊，后堂和楼上为寝室，通常是楼上住人，楼下经商，外加一条长长的走廊，完美地结合了商住两用的建筑功能，也符合南方的气候特征。

　　中山路历史文化街区范围内有12处推荐历史建筑、5处传统风貌建筑、6处文物保护单位（其中2处为省级文物保护单位）。文物保护单位包括广东省农民协会南路办事处旧址、中山纪念堂、高州人民会堂、升

中山路上的骑楼建筑

平寿井、学宫红墙等。其中，广东省文物保护单位——广东省农民协会南路办事处旧址，位于中山路与府前路交会处，原为清代所建的南皋学舍，占地面积976平方米，既是革命旧址，又是一处富有历史、艺术、科学价值的品位典雅的古建筑。整体为砖木结构，由两座互相贯通的两层阁楼式单体建筑合成，面阔共七间，分三进，进间有天井，院落式布局，硬山顶。檐底彩绘精美壁画，门楣题写励志、吉祥词语，保留有宋代大理学家朱熹题写的对联。此外，推荐历史建筑和传统风貌建筑中有大量的富有岭南特色的装饰及建筑构件。

中山路拥有众多的非物质文化遗产。据记载，1956年前，高州城上出售的小食品种有数百种之多，给食客留下深刻印象的有中山路的薯包籺、咸酸小吃、裹粽籺、寿桃籺等十多种。高州裹粽籺、薯包籺于2022年入选高州市第四批非物质文化遗产保护名录。高州薯包籺承载着高州历史文化名城的历史和民间传统制作技艺，薯包籺的制作是用煮沸的开水与番薯粉搅拌（和做寿桃籺一样）搓成粉坯，后做成一个个形状与古粽籺差不多的籺，再放进蒸压煲（一种专蒸薯包籺的器具）煮熟。籺馅一般有猪肉粒和花生，也可加虾米，这种制作技艺最具有粤西地区民间小吃特色，是高州人民日常必不可少的食品。

讲古论今

"中国稻作学之父"——丁颖

丁颖，中国现代稻作科学主要奠基人，农业高等教育先驱。曾任中国农业科学院研究员、院长。从事稻作科学研究、农业教育事业40余年，曾被周恩来总理誉为"中国人民优秀的农业科学家"。

丁颖少年时期生活在贫困的农村，目睹农民受压迫剥削的痛苦，激发其学农改变我国农业落后面貌的理想。早在20世纪30年代，我国稻作学界就有"南丁（颖）北赵（连芳）"的美誉。丁颖先后创建了6个稻作试验场，征集了国内外水稻品种7000多个，还有大量野生稻品种，发表科学论文140多篇，并培育出大批水稻优良品种。民国25年（1936），他用巴西野生稻与栽培稻杂交，育出单穗谷粒为1400粒的千粒穗品种，被国内外视为奇迹。此外，他在国际上也享有较高的声誉，不仅日本渡边武主编的《中国的稻作起源》一书尊称丁颖为"中国稻作学之父"，并且其论著《中国栽培稻种的起源及其演变》获1978年全国科学大会奖，还曾先后被授予柏林德国农业科学院、苏联列宁农业科学院通讯院士和捷克斯洛伐克农业科学院荣誉院士。

丁颖办农业教育，倡导理论联系实际和教学、科研、生产三结合，为国家培养了大量的不同层次的教师和科技人才。在他的领导下，华南农学院师生融洽相处，教师队伍稳定，教学质量逐年提高。"学农、爱农、务农"是丁颖经常对师生进行教育的一句名言，也是他身体力行的座右铭。

（三）南华路历史文化街区

　　高州南华路历史文化街区毗邻中山路，位于高州老城西南的南华街和南关街上，北到南华街中部，南到公园路，西到沿江东路，东到沿街建筑东侧。保护范围面积为7.26公顷。

　　"九街十二巷"之一的南华路，始建于隋朝大业年间，距今已有1000多年的历史，是一条典型的古老的街道。南华路的名字起源于民国，在此之前称金华街、故衣街。南华路的南段实际是过去城门外的南关，是南下雷州、琼州以及西去廉州、钦州的唯一通道，既是交通要道，也是商贸繁集之地。根据民国《茂名县志稿》记载，民国21年（1932），"县长黄秉勋原拟由故衣街直通后街开辟为中华路"，"乃仅完成故衣街一段由南门口起至十字街止，遂定名为南华路"。

　　在民国初至抗日战争爆发时期，高州城商业经济发展很快，尤其是南路行署的设立，更带动了高州城的繁荣，南华路也成为当时最繁荣的商业街区。直到今天，南华路街区的小商品批零商铺有近百

南关路23、25号-01

南关路133号

南华路36号（2005年摄）　　　　　南华路50号（2005年摄）

间，依旧是高州的商品交易旺地。此外，该街区还保留许多古老的民俗风情，南华路有两座庙宇，供奉福神康王，每年的正月和腊月群众还有起保福和还保福的习俗，且祖传的贵子饼、状元糕，一直被人们青睐。还有高州木刻画、茄雕、角雕，是赐宝巷、金刚塘巷、菠萝埠巷、镬耳巷一带的家传手艺，并成为一种独特的文化形态。它们穿越时空隧道，努力传承中华民族的优秀民俗文化，古老又神秘。

南华路历史文化街区传统风貌建筑数量较多，保存良好，能够反映古城南关地区以商业为主的历史风貌和沿江的历史环境。并且南华路是近代高州最为繁华的商业集聚中心，其建筑空间格局采用岭南地区流行的骑楼形式，具有重要的历史文化价值。2012年，作为粤西地区较具规模的骑楼商业街的代表，南华路历史文化街区入选第三批广东省历史文化街区。

南华路历史文化街区位于高州古城西南处，为南北走向，分为两段，全长650米，街道宽12.8米，两侧廊宽各2.4米，两旁的骑楼进深多在20—30米，街内有东西走向的后街、高第巷、担水巷、勒古巷等街巷沟通南华路与城内各街区。抗日战争时期在南门口延接上此前兴建的南关路上街，形成了今天的南华路格局。

南华路的骑楼，单座的多为两至三层，个别达到四层。主要特点是面宽较窄，一般是一间，只有个别才可能做到三间。多数由于临街的底层用来做商铺，所以就在旁边开个窄小的通道，直达后面。骑楼建筑风格是在传统岭南建筑的基础上加上流行的仿欧装饰符号，主要体现在窗拱券、女儿墙、阳台等。骑楼建筑临街两边墙面都饰有或弧圆或尖顶的拱券，一是底层券柱形成的柱廊，二是在二层腰檐位置设外凸的装饰性倚柱。女儿墙（又称挡水墙）的装饰，更是骑楼临街墙面造型的精华部分，或用宝瓶栏杆造型，或用巴洛克式的曲线山花，或用中国传统吉祥图案的浅浮雕。骑楼的形态为上楼下廊，具有独特的功能。首先是居住，骑楼起到挡避风雨侵袭，挡避炎阳照射的作用。其次是商贸活动，连续的走廊也为客人提供了自在闲适的购物环境。再有，这种骑楼也冲破了居家单门独户的束缚，成为品茗、聊天、纳凉、会客的地方。2012年，南华路历史文化街区成功入选为省级历史文化街区。

南华路街区文化气息浓郁，保留着古郡特色的文化风貌。街区人杰地灵，孕育有一著名古树——缅茄树（公树），还有一大批老艺人与非物质文化遗产传承人活跃在大街小巷中，有曲艺、八音锣鼓、木偶戏、木刻画、缅茄雕刻、木雕、玉雕、角雕、镜画、装裱工艺大师的作坊和工作室近百间。其中，高州缅茄雕刻已形成独有的风格，在岭南民间手工艺中独树一帜。高州民间艺人借助缅茄树的种子制成印章或精美的工艺品，其雕刻的山水楼阁，图案精美，工艺精湛；飞禽走兽，细致入微，形象逼真；故事人物，惟妙惟肖，栩栩如生。400多年来，缅茄雕刻工艺品深受广大群众喜爱，或挂于身上辟邪、装饰，或欣赏、收藏，或赠予亲友、贵宾。经过历代传承、改革和发展，高州缅茄雕刻品成为擦亮高州文化品牌的重要艺术品。

南华路街区古建筑云集，见证了高州人文荟萃的历史脉络。胡国纲，清朝举人，曾担任茂名（今高州市）知县，他为人正直，在任勤政廉明，深得民心，离任时两袖清风，身无分文，百姓凑钱给他作路费，其事迹为高州颂扬。南关街上耸立着一座"南关古坊"——尚义名区，是百姓为纪念胡国纲对于高州的贡献而建。

近代以后，南华路街区救亡图存的精神高涨。辛亥革命志士林云陔、李怀霜、熊英等人经常奔走广州、湛江、吴川、香港等地，街区内的"南关埠头"为他们搭建了沟通的桥梁。前清秀才"香包梁"建有"梁氏大屋"，成为中共南路的堡垒户，是中共地下组织"白皮红心"的革命联络站。民国时期有两位名人从这间大屋走出投身于革命事业，其中，梁麟积极支持革命，为学生开设进步读书会，排演进步戏剧和印刷革命传单。作为广东省著名教育家，他曾担任高州中学校长，有力推动了高州的教育事业。其子梁毅在抗战期间较早投身革命事业，奔赴延安报读中国人民抗日军事政治大学，成为该校第一届毕业生。毕业时，毛泽东主席还亲自为梁毅题字作勉励。